L'ÉGLISE N'A PAS DIT SON DERNIER MOT

MATTHIEU ROUGÉ

L'ÉGLISE N'A PAS DIT SON DERNIER MOT

Petit traité d'antidéfaitisme catholique

ROBERT LAFFONT

ISBN 978-2-221-13647-8

À la mémoire du bienheureux pape Jean-Paul II
et du bien-aimé cardinal Jean-Marie Lustiger

La chapelle et l'archipel

Il pleut, il fait nuit, il fait froid. Mais il aura suffi de quelques volutes de fumée blanche pour qu'une foule immense « de toutes races, langues, peuples et nations », comme dit l'Écriture[1], « surprenant et pacifique rassemblement dont la force déjoue les interprétations » pour reprendre l'émerveillement du cardinal Lustiger en d'autres circonstances[2], remplisse l'immense place Saint-Pierre. Et toutes les télévisions du monde de transmettre en direct la simple récitation du Notre-Père et du Je vous salue Marie, le silence de cette multitude à qui le pape François à peine élu demande le secours de sa prière fraternelle en s'inclinant humblement devant elle. Rien de moins télévisuel *a priori*, rien de plus fort en fait.

Un mois plus tôt, deux phrases en latin au terme d'une cérémonie confidentielle ont mis les médias du

1. Apocalypse 7, 9.

2. Jean-Marie Lustiger, discours au rassemblement pour l'école libre à Versailles, 4 mars 1984. Jean-Marie Lustiger (1926-2007), né dans une famille juive, baptisé à quatorze ans, a été archevêque de Paris de 1981 à 2005. L'auteur a été son secrétaire particulier de 2000 à 2003.

monde entier en ébullition : le traditionnel Benoît XVI rompt avec l'habitude séculaire et, conscient de sa désormais trop grande fragilité physique, renonce à sa charge pontificale. Le mal-aimé des médias suscite leur mobilisation immédiate et mondiale. La grande majorité des observateurs salue le détachement et la liberté intérieure du pape bientôt émérite. Certains de ceux qui lui reprochaient son classicisme s'inquiètent à présent de l'audace de sa rupture avec l'usage établi ! Tous sont habités par une sorte de nostalgie et voudraient lui dire : « Reste avec nous car il se fait tard[1]. » Nostalgie que l'élection à la fois surprenante et tranquille du pape François viendra très vite non pas supprimer mais apaiser.

Ces faits, postérieurs à ma décision de prendre la plume, ont valeur de parabole. Alors que les esprits « autorisés », à l'extérieur comme à l'intérieur de l'Église, ne cessent d'annoncer son déclin, voire sa disparition, le monde entier se révèle attentif aux battements de son cœur. Le carême des deux papes l'aura manifesté : dans la nuit du monde, la parole et la présence du successeur de Pierre constituent un repère indispensable. Nos contemporains tournent leurs regards vers la loggia centrale de la grande basilique romaine comme vers une source de lumière. L'*Habemus papam* leur procure paix et joie. Quoi qu'il en soit des difficultés, indéniables, de la foi en notre temps, des contradictions et des incompréhensions qu'elle suscite, des insuffisances et même des

1. Luc 24, 29.

défaillances de ses témoins, il n'est pas juste, il n'est pas raisonnable, de se laisser aller au défaitisme.

Le cardinal Lustiger racontait volontiers l'histoire suivante qui, elle aussi, a force de parabole. Dans une petite préfecture de province, un quartier délabré s'était vidé de la plupart de ses habitants. L'évêché en vint à estimer inutile d'y maintenir une paroisse et proposa à la mairie de désaffecter l'église. La municipalité décida du coup de la rénover pour y organiser des expositions. Cette rénovation entraîna celle du quartier qui se repeupla rapidement, tant et si bien qu'il n'y manqua bientôt qu'une seule chose : l'église ! Conclusion du cardinal Lustiger : ne laissons pas les difficultés ou le pessimisme ambiant enfermer notre vision de l'avenir. D'autant que si une chapelle transformée en centre culturel peut rendre un quartier agréable, elle ne suffit pas à combler la soif spirituelle de ses habitants.

Cette parabole de l'église rénovée est étonnamment consonante avec l'épisode inaugural de la conversion de saint François d'Assise dont le nouveau pape a très délibérément choisi le patronage. François, jeune fêtard en quête de lui-même, se recueille dans l'oratoire délabré de San Damiano. Et voici que du crucifix une voix parvient à son cœur : « Va, François, et répare ma maison. » François change de vie et va susciter, dans la ferveur, la joie mais aussi les difficultés, avec de nombreux compagnons et en bonne intelligence avec le pape, un extraordinaire mouvement de renouveau de la foi. Il ne s'agit pas aujourd'hui de se lamenter sur le délabrement de l'Église. Malgré ses fragilités, elle contient, comme le crucifix de San

Damiano, des trésors spirituels qui peuvent parler au cœur des chercheurs de joie et de vérité. Il ne s'agit pas non plus, dans une sorte de panique, de consentir à la désaffection spirituelle et morale de nos contemporains, d'y voir une fatalité. Il faut, encore et toujours, « réparer la maison de Dieu », réparer la maison intérieure des cœurs, réparer la maison extérieure du témoignage. Réparer, c'est-à-dire à la fois respecter une histoire et innover, innover en respectant et respecter en innovant.

Depuis mon enfance, j'entends dire que le monde et l'Église sont en crise. Il y a eu Mai 68 puis le premier choc pétrolier en 1973, la forte montée du chômage à la fin des années 1970, le tournant de la rigueur en 1983 puis les deux guerres du Golfe, et leurs conséquences économiques, puis les deux crises financières de ces dernières années. Chaque fois, les responsables politiques, quel que soit leur camp, expliquent avec emphase que « le monde est à la croisée des chemins », qu'il s'agit d'un changement « non pas d'époque mais de civilisation », que « rien ne sera jamais plus comme avant ». Bienheureuse amnésie des médias – et des citoyens – qui atténue le caractère répétitif de tous ces lieux communs !

Au début des années 1970, le sort de l'Église catholique était réglé. La révolution des idées et des mœurs était telle que désormais elle ne pourrait plus rentrer dans le jeu. Et pourtant, quarante ans plus tard, malgré la crise des vocations et le caractère minoritaire de la pratique religieuse en Europe occidentale, l'Église demeure bien vivante. Certains des plus grands philosophes français sont des chrétiens affichés :

René Girard, Jean-Luc Marion, Rémi Brague, Bertrand Vergely... Des jeunes bien dans leur peau et dans leur temps, en trop petit nombre certes, continuent de frapper à la porte de la vie consacrée. Les véritables Woodstock catholiques à répétition que constituent les Journées mondiales de la jeunesse ont déjà renouvelé la vie et nourri la mémoire chrétienne de plusieurs générations de croyants enthousiastes. Bref, pour reprendre le titre d'un livre paru en 1975, « le cadavre de Dieu bouge encore[1] ».

Dans cet ouvrage, Georges Suffert interroge sur leur foi certains de ses contemporains les plus célèbres (les écrivains François Mauriac et André Malraux, l'artiste Georges Mathieu, le psychiatre Louis Bertagna...). Avec un mélange de malice et de chagrin, il introduit son parcours par une anecdote : Suffert et l'un de ses amis sont à Rome et dînent avec un ecclésiastique dans une *trattoria* du Trastevere. Au milieu d'une conversation à bâtons rompus sur la vie de l'Église et du monde, c'est l'ecclésiastique qui lâche devant ses commensaux atterrés : « Peut-être les Églises sont-elles destinées à mourir. Peut-être vivons-nous l'agonie du christianisme et de l'Église catholique. C'est possible. C'est même probable[2]. » Suffert juge sévèrement ce pronostic pessimiste. Il y voit surtout un manque de courage : « Que les abbés de cour, que ceux qui n'aiment naviguer que sur les fleuves, que les amoureux de tous les syncrétismes

1. Georges Suffert, *Le cadavre de Dieu bouge encore*, Paris, Grasset, 1975.
2. *Ibid.*, p. 25.

embarquent promptement dans les canaux de sauvetage. Cette traversée-là n'est plus faite pour eux. Voilà ce que j'avais envie de répondre à mon interlocuteur du Trastevere[1]. » Sans doute l'ecclésiastique en question aurait-il bien fait de relire l'évangile de la tempête apaisée[2], si magnifiquement illustré par Giotto (au revers du narthex de la basilique Saint-Pierre) et par Bruegel l'Ancien (le petit tableau conservé par le musée Thyssen de Madrid souligne le contraste entre le gris-vert froid de la mer démontée et les couleurs vives et chaleureuses du Christ et des Apôtres).

Ce souvenir de Georges Suffert est significatif : les plus pessimistes sur l'avenir de l'Église sont souvent des catholiques, soit qu'ils vivent douloureusement les combats qu'ils ont à mener pour persévérer dans la foi ou pour en témoigner – « le démon de mon cœur s'appelle – à quoi bon[3] ? » écrivait Bernanos au début de ses *Grands Cimetières sous la lune* – soit qu'ils aient pris de la distance par rapport à leur engagement spirituel initial. Leur pessimisme sonne alors comme une justification de leur part d'abandon. S'il y a « agonie du christianisme », ainsi que le disait l'interlocuteur de Suffert, c'est au sens premier du mot « agonie », c'est-à-dire « combat ». À notre époque, comme à toutes les autres mais de manière spécifique, être chrétien constitue un combat. C'est ce qu'écrit magnifiquement le grand Miguel de Unamuno en 1925

1. Georges Suffert, *Le cadavre de Dieu bouge encore*, *op. cit.*, p. 29.
2. Cf. Matthieu 8, 23-27.
3. Georges Bernanos, *Les Grands Cimetières sous la lune, Essais et écrits de combat I*, Paris, Gallimard, « Bibliothèque de la Pléiade », 1971, p. 353.

dans un livre intitulé précisément *L'Agonie du christianisme :* « Tout chrétien, pour montrer son christianisme, son agonie chrétienne, doit dire de soi : *Ecce christianus*, comme Pilate dit : "Voici l'homme !" Il doit montrer son âme de chrétien, celle qu'il s'est faite dans sa lutte, dans son agonie de chrétien. Car l'homme ne naît pas avec une âme, il meurt avec elle quand il s'en est fait une[1]. » Il ne sert à rien de se plaindre de la force du vent, mais, pour reprendre l'analogie de Suffert et de l'évangile, il faut résister à la tentation de se comporter en « marin d'eau douce », par peur ou par facilité.

L'Église et les chrétiens doivent en fait sans cesse redécouvrir – tout comme le monde, c'est pourquoi j'ai fait ce parallèle – que « la crise est l'élément normal, et peut-être providentiel, de sa continuité[2] ». « Rien de moins stable, note le grand historien Alphonse Dupront, de moins figé aussi, que l'incarnation, par des sociétés d'hommes se faisant et se défaisant à travers époques et temps, de cette religion révélée[3]. » Ce qui est significatif, pour l'Église comme pour le monde, n'est pas de se découvrir en crise, cela fait partie de la condition historique, mais bien d'analyser chaque crise pour la vivre positivement comme une ouverture vers plus de vie. « Aucune institution humaine, écrit encore Dupront à propos de l'Église, ne saurait persévérer à travers les siècles,

1. Miguel de Unamuno, *L'Agonie du christianisme*, Paris, Berg international, 1996, p. 37.

2. Alphonse Dupront, *Puissances et latences de la religion catholique*, Paris, Gallimard, « Le débat », 1993, p. 13.

3. *Ibid.*, p. 13.

répondant à tant d'annonces de mort prochaine par des survies sereines, si impunément qu'elle n'y ait acquis quelque vénérabilité en laquelle témoigner de sa force propre de vivre[1]. »

« Ne m'en veuillez pas : j'ai pris l'habitude, depuis longtemps, de raisonner par millénaires. C'est plus commode. Et tellement plus intéressant », confiait dom Grammont, avec la hauteur et la profondeur de vue caractéristiques des moines[2]. À force d'annoncer des ruptures de civilisation tous les cinq ou dix ans, les observateurs passent en fait à côté de la vérité de l'histoire. Celle-ci n'est pas un processus univoque, comme l'intériorisation d'un hégélianisme vulgarisé le suggère trop souvent, mais un déploiement complexe marqué à la fois par des tendances durables et des évolutions superficielles éventuellement réversibles. Les plus visibles sont par définition les plus impressionnantes mais pas nécessairement les plus significatives. « Les hommes de la génération finissante trouvaient que Paris déclinait avec eux, écrit Maurice Druon au début des *Grandes Familles*. Ils déploraient la fin de la politesse et d'une forme française de l'esprit. Ils oubliaient que leurs pères et leurs grands-pères en avaient dit autant. Ils jugeaient les modes outrées, les mœurs licencieuses. Les récentes œuvres d'art leur semblaient indignes de ce nom, et les théories nouvelles l'expression de la barbarie[3]. »

1. Alphonse Dupront, *Puissances et latences de la religion catholique*, p. 19.
2. Georges Suffert, *Le cadavre de Dieu bouge encore*, *op. cit.*, p. 89.
3. Maurice Druon, *Les Grandes Familles*, Paris, Plon Omnibus, 1993, p. 18-19.

Ces lignes sont écrites dans l'immédiat après-guerre – elles valurent à leur auteur le prix Goncourt en 1948 – et décrivent la société parisienne de la fin des années 1920. On pourrait les reprendre aujourd'hui telles quelles.

Du point de vue de l'histoire religieuse, Yves-Marie Hilaire et Gérard Cholvy ont bien montré que sur des échelles de temps relativement brèves, il fallait raisonner avant tout en termes de flux et de reflux[1]. Après la tourmente révolutionnaire, la France connaît un fort renouveau spirituel au début du XIXe siècle dont plusieurs indices (pratique pascale, climat intellectuel...) manifestent qu'il marque le pas au début des années 1860. La vitalité chrétienne d'après-guerre achoppe sur les violentes mutations économiques et morales des années 1960. Mais, à partir de 1975, diverses publications, comme *L'Archipel du goulag* de Soljénitsyne[2] ou l'encyclique de Paul VI sur l'évangélisation[3], annoncent un renouveau qui prendra corps au début du pontificat de Jean-Paul II et mènera aux grands mouvements de libération en Europe de l'Est à la fin des années 1980. Le temps véritable de l'humanité, indissociable de son histoire spirituelle, ressemble davantage au rythme géologique qu'à la frénésie médiatique. Le flux et le reflux de la marée sur le rivage ne laissent

1. Gérard Cholvy et Yves-Marie Hilaire, *Histoire religieuse de la France contemporaine*, t. 1-3, Toulouse, Privat, 1985-1989.

2. Alexandre Soljénitsyne, *L'Archipel du goulag*, Paris, Fayard, 2010-2011.

3. Paul VI, *Evangelii Nuntiandi. Exhortation Apostolique sur l'évangélisation dans le monde moderne*, 8 décembre 1975.

apparaître que progressivement et partiellement les grandes tendances de l'érosion.

Il ne s'agit pas de prendre à la légère le reflux de la foi chrétienne en France aujourd'hui. J'ai bien conscience de l'avancée galopante du désert spirituel de la sécularisation, dont la déforestation accélérée de plusieurs régions du monde constitue une parabole à la fois éloquente et dramatique. Le cardinal Lustiger, lui, prenait souvent la métaphore de la marée noire, le nihilisme ambiant empêchant les jeunes de se déployer comme le mazout invasif prive les oiseaux de leur capacité de voler. Mais il me semble, comme il semblait au cardinal Lustiger, que la puissance de la vie l'emporte sur ces traumatismes pour qui sait regarder avec les yeux de la foi, c'est-à-dire avec un réalisme authentique. On pourra me presser de prendre conscience du caractère particulièrement inquiétant de notre époque : les prophéties effrayantes du *Meilleur des Mondes*[1] et de *1984*[2] ne sont-elles pas en train de se réaliser ? Les textes apocalyptiques que l'on trouve dans la Bible – chez les prophètes, sous la plume des évangélistes et dans le livre éponyme – aident justement, et de manière lumineuse malgré une forme parfois obscure, à comprendre que l'histoire tout entière comme telle est dramatique et qu'il ne faut pas succomber à la peur. C'est précisément parce que les temps sont rudes qu'il faut s'y engager avec un surcroît de confiance et de détermination.

1. Aldous Huxley, *Le Meilleur des mondes*, Paris, Pocket, 2010.
2. George Orwell, *1984*, Paris, Folio, 2012.

Le fameux cri de colère et de foi de Maurice Clavel en 1976, *Dieu est Dieu, nom de Dieu!*, débute lui aussi par une sorte de prophétie : «L'Église, d'ici quelque temps, du moins en France, va connaître un schisme auprès duquel celui des deux papes était peu, car il divisera, au-delà des prêtres, le peuple. Il n'y aura plus d'Église, mais d'un côté la Chapelle, avec moins de recueillement que de rancœur et de rance; de l'autre, l'Archipel, au sens depuis peu célèbre et sinistre, autour duquel des âmes naïves ou naïvement malignes croiront pouvoir caboter, ou même cabotiner, avant de s'y trouver prises. La foi aura disparu ici, les œuvres là[1].» Ces paroles, lorsque je les ai découvertes il y a une vingtaine d'années, m'ont profondément impressionné, en raison de leur part de vérité, sans doute, mais aussi, et surtout, parce que je me sentais et me sens encore appelé à les faire mentir. Notre condition historique en général, les formes qu'elle prend en notre temps peuvent susciter la peur, qui endurcit les cœurs, voire la panique, comme aux tout premiers jours de la communauté chrétienne, racontés par les Actes des Apôtres. Mais l'Église et les chrétiens ne sont, aujourd'hui comme hier, condamnés ni à l'enfermement ni à la dissolution, ni à l'intransigeance ni à l'insignifiance. Ils sont appelés à vivre en témoins bienveillants et courageux d'une Vérité qui n'est pas près de les décevoir ni de décevoir le monde.

Maurice Clavel d'ailleurs ajoute aussitôt : «La chrétienté, en ses derniers restes, et comme par hasard

1. Maurice Clavel, *Dieu est Dieu, nom de Dieu!*, Paris, Grasset, 1976, p. 13.

à l'heure de ses plus belles promesses de recommencement, craquera. C'est souvent aux abords immédiats du salut, je l'ai observé chez bien des personnes, que le Prince de ce monde joue son va-tout, et l'emporte...[1] » Le tempérament et l'histoire de Clavel forcent le paradoxe. Mais il est stimulant de l'entendre parler des « plus belles promesses de recommencement » pour « la chrétienté ». S'il annonce trop vite à mon gré que « le Prince de ce monde » l'emportera, il a le mérite de souligner que l'avenir de la foi, c'est-à-dire en un sens l'avenir de l'humanité, est pour une part entre les mains des chrétiens. Voilà bien l'objectif de cet ouvrage : mettre en lumière, à partir de mon expérience sacerdotale, les signes de vitalité et les promesses de recommencement du catholicisme français, tout en relevant des exigences de purification et de réforme.

Il ne s'agit pas d'un traité d'optimisme mais d'antidéfaitisme : notre situation spirituelle est objectivement grave. Le ressort essentiel de sa gravité cependant est peut-être notre défaitisme lui-même, notre consentement passif, fût-ce sur le mode de la crispation, aux travers du temps, c'est-à-dire au fond notre manque pratiquement assumé de foi et de charité. « Pourquoi avez-vous peur, gens de peu de foi[2] ? », lance Jésus à ses disciples effrayés par la force des flots et des vents. En 2007, le futur pape François écrivait quant à lui : « Nous atteignons parfois en piteux état la tombée du jour et une sorte de

1. *Ibid.*, p. 13.
2. Matthieu 8, 26.

pessimisme diffus s'insinue insensiblement en notre cœur, nous poursuit dans nos "derniers retranchements" et nous impose un esprit défaitiste qui nous conduit à nous replier sur nous-mêmes. Là, notre âme se recroqueville, et la lâcheté pointe[1]. »

C'est contre ce recroquevillement, cette lâcheté que je prends la plume et, davantage encore, pour l'infinie et lumineuse fécondité libératrice de l'Évangile. Je n'écris pas seulement pour les croyants. Je sais en effet que bien des incroyants ou des croyants incertains, souvent plus lucides que les croyants eux-mêmes, attendent de l'Église qu'elle assume pleinement sa mission, qu'elle vive à la hauteur des trésors qui l'habitent, sans succomber au syndrome de la chapelle ni à celui de l'archipel ou, pour le dire positivement, avec délicatesse humaine et vigueur spirituelle.

---

1. Jorge María Bergoglio-pape François, *Seul l'amour nous sauvera*, Rome-Paris, Libreria Editrice Vatican, Parole et Silence, Éditions du Rocher, 2013, p. 102.

I

Politique d'abord ?

Envisager la place de l'Église dans la société française contemporaine conduit, au pays des discussions de café du commerce mais surtout des droits de l'homme et de la laïcité, à s'intéresser d'abord à ses relations avec les réalités politiques. En 2004, j'ai été nommé directeur du Service pastoral d'études politiques, sorte d'aumônerie des parlementaires, créé par le cardinal Lustiger en 1992 pour approfondir et déployer d'autres initiatives plus anciennes (comme le Groupe de spiritualité des Assemblées parlementaires fondé juste après la Seconde Guerre mondiale par un sénateur MRP). Dans le sillage de mes prédécesseurs et avec une équipe remarquable – l'Église, c'est toujours une histoire et une communauté –, j'ai tenté d'assurer, comme le fait actuellement mon successeur, une présence pastorale auprès des parlementaires, de leurs collaborateurs et des divers acteurs du monde politique français. Dans le respect des responsabilités de chacun, j'ai essayé d'être présent aux joies et aux peines de tous et de proposer des occasions de ressourcement et de réflexion. J'ai fait connaissance et souvent lié amitié avec des parlementaires de toutes tendances politiques, mesurant chaque jour qu'il n'est pas impossible de faire se rencontrer, voire se confronter, des convictions fermes dans le respect et la cordialité. Il ne s'est pas agi pour moi de tomber de la mystique dans la politique mais bien plutôt d'aider les politiques à enraciner leur action dans une mystique, pour reprendre la dialectique si féconde développée par Péguy dans *Notre jeunesse*[1].

Ces huit années comme « aumônier » des parlementaires m'ont donné de connaître assez bien le monde politique français, avec un point de vue singulier : de l'intérieur des cœurs. N'en déplaise au dénigrement général de la classe politique, je dois dire que j'ai souvent été édifié par ceux que j'ai rencontrés. On se souvient du constat acide du général de Gaulle au début de ses *Mémoires de guerre* : « Pour moi, dans le drame national, la politique devait être l'action au service d'une idée forte et simple. Mais eux, poursuivant les mêmes chimères qu'ils caressaient depuis toujours, n'acceptaient pas qu'elle fût autre chose qu'une chorégraphie d'attitudes et de combinaisons, menées par des figurants professionnels, d'où ne devaient sortir jamais qu'articles, discours, exhibitions de tribuns et répartition des places[2]. » En dépit de la saveur, de la sévérité et de la relative lucidité de ce jugement, je puis affirmer qu'il y a en France aujourd'hui de nombreux élus, locaux et nationaux, compétents, dévoués,

1. Charles Péguy, *Notre jeunesse*, Paris, Folio essais, 1993.
2. Charles de Gaulle, *Mémoires de guerre. 1. L'appel, 1940-1942*, Paris, Plon, 1954, p. 220.

désintéressés et courageux. Un grand nombre de visages de vrais serviteurs de la cité habite la mémoire de mon cœur. Beaucoup d'élus n'ont pas été corrompus par le pouvoir, comme on l'imagine trop facilement, mais au contraire humainement, intellectuellement et même spirituellement dilatés par le choix de s'engager au service de la collectivité. Je ne sais pas si j'ai fait beaucoup de bien aux politiques en étant leur aumônier mais je suis certain que le témoignage de nombreux élus m'a fait progresser, comme chrétien et comme prêtre. J'ai parfois trouvé davantage d'énergie, d'attention à chacun et de sensibilité au réel chez les politiques que chez les clercs.

Contrairement à ce que pensent beaucoup de catholiques, les politiques français ne se désintéressent pas de leurs attentes et de leurs messages. Encore faut-il qu'ils soient formulés de manière ajustée et transmis avec efficacité. Pendant huit ans, j'ai proposé pratiquement chaque jour à un politique que nous nous rencontrions, souvent autour du déjeuner. Sur les parlementaires sollicités, toutes appartenances confondues, cinq seulement n'ont pas donné suite à ma proposition, ce qui en dit long sur la disponibilité des autres. Disponibilité ne veut pas dire complaisance évidemment : il ne suffit pas de partager un repas pour transformer des convictions. Mais le dialogue, même tendu, porte en lui-même une promesse de fécondité. Pendant longtemps, les prises de position officielles de l'Église en France, en matière éthique et sociale, ont pu sembler un peu péremptoires dans le ton mais guère vigoureuses sur le fond. Depuis quelques années, elles sont souvent à la fois plus fermes et plus ouvertes à un dialogue ultérieur. Les politiques sont sensibles à cette évolution, manifeste notamment durant le processus de révision de la loi de bioéthique. Les évêques ont eux-mêmes abondamment écouté avant de formuler leurs réflexions dans quatre opuscules successifs rédigés avec beaucoup de soin et de netteté sous la houlette de Mgr d'Ornellas. Ces ouvrages ont permis des échanges posés et approfondis avec les parlementaires eux-mêmes, avec des scientifiques et avec l'opinion publique. Une démarche analogue bien en amont du débat sur le « mariage pour tous » aurait-elle changé la donne ? On peut espérer, en tout cas, que la « méthode bioéthique » sera reconduite dans d'autres circonstances et sur d'autres sujets. Quoi qu'il en soit de certaines postures idéologiques, aux yeux du plus grand nombre l'Église ne pèche pas, me semble-t-il, par excès d'implication dans la cité mais par défaut, quantitatif et surtout qualitatif, de contribution aux débats essentiels.

Un petit groupe d'évêques m'a un jour demandé d'assister à sa journée de réflexion sur les relations de chacun avec les élus de son diocèse. Deux parlementaires, de partis différents, entrés peu après au gouvernement, participaient à cet échange. Plusieurs évêques ont exprimé leur peur de « déranger » les parlementaires, « personnages importants et surmenés » de notre République. Les élus présents ont dit quant à eux combien ils étaient « intimidés » par leurs évêques, « autorités ecclésiastiques de premier plan ». J'ai suggéré qu'on en finisse avec cette « escalade de la peur » et qu'on prenne l'habitude de se parler avec davantage de simplicité. Un autre évêque, nouvellement nommé, m'a demandé de participer à une réunion avec les maires de son département à qui il avait proposé de le rencontrer dès son arrivée ; tous ont dit à quel point ils étaient sensibles à cette marque de considération pour leur mission, exaltante mais exigeante. Il m'a été souvent plus facile d'ouvrir la porte d'un parlementaire à un évêque que l'inverse. Je n'en fais aucun procès aux évêques : ils savent combien le terrain est miné et avec quelle violence on pourra leur reprocher toute indiscrétion dans le champ politique. Reste que, dans notre société excessivement compartimentée, gangrenée par la peur qui est le mal par excellence, la source de toutes les violences, il faut apprendre et réapprendre sans cesse à se parler.

On pourrait me soupçonner de manquer de lucidité et donc de sévérité à l'égard de notre classe politique. Les « affaires » à répétition et surtout le relatif marasme économique, culturel et moral de notre société ne permettent pas, en effet, de distribuer le prix d'excellence à tous les élus français. Mais au moment de la conversion et de la vocation de ce percepteur au service de l'occupant romain qu'était saint Matthieu, si magnifiquement illustrées par le Caravage, Jésus déclare aux bien-pensants chagrins : « Ce ne sont pas les gens bien portants qui ont besoin du médecin, mais les malades[1]. » Deux scandales récents, après bien d'autres mais de manière emblématique, ont mis en lumière les pathologies de notre vie politique : les affaires DSK et Cahuzac. Le sexe dans un

1. Matthieu 9, 12.

cas, l'argent dans l'autre et, dans les deux, la course mensongère au pouvoir et aux honneurs. On y retrouve littéralement les trois « concupiscences » décrites dès le Nouveau Testament par la première lettre de saint Jean et commentées par saint Augustin dans ses *Confessions* : « La convoitise de la chair, la convoitise des yeux et l'orgueil de la richesse[1] ». La référence à l'Écriture et à la Tradition manifeste que les politiques en question n'ont pas commis des fautes exclusivement liées à leur engagement public mais que leur position a donné un poids et une visibilité particulièrement significatifs aux travers de toute notre société. Ces deux affaires, comme le montre la relative complaisance politico-médiatique qui a commencé par les entourer, sont la partie émergée des icebergs de l'apparence, du sexe et de l'argent rois, non seulement dans la classe politique mais encore dans une large part de notre collectivité. Celle-ci ressemble, de ce point de vue, à un *Titanic* filant à grande vitesse vers sa perte. Heureusement, même quand les icebergs sont profonds et dangereux, il est possible, en cultivant prudence et rigueur, de continuer à naviguer.

Parmi les « dogmes » auxquels chacun aujourd'hui est sommé de se conformer et que beaucoup ont docilement intériorisés, il y a celui de la séparation stricte entre engagement politique et vie privée. J'ai aimé qu'au lendemain de l'affaire DSK, Chantal Delsol ait le courage d'écrire : « L'Hexagone entretient une idée désincarnée de la vie publique [...]. La fidélité est une

1. 1 Jean 2, 16.

disposition particulière au bien, qui s'applique dans tous les cas de figure [...]. Un honnête homme ne sera peut-être pas un gouvernant compétent (cela n'a rien à voir), mais il sera très probablement un gouvernant honnête[1]. » Chacun sait que de grands responsables politiques à travers l'histoire ont pu mener par ailleurs une vie légère. Mais, si l'on y regarde de plus près, on découvre que ce sont des exceptions qui confirment la règle du devoir de cohérence. Il ne s'agit pas de juger les personnes ni de fouiller les alcôves : chacun construit sa vie comme il le peut. Mais j'ai souvent constaté que les politiques les plus fiables et courageux avaient une vie personnelle non pas impeccable – qui pourrait le prétendre ? – mais exigeante et structurée. Théoriser, revendiquer la schizophrénie, c'est évidemment se condamner à la pathologie.

Autour de ces affaires, politiques et journalistes ont abondamment convoqué, comme en dépit d'eux-mêmes, le vocabulaire de la grâce et du péché. La République se devait d'être « exemplaire ». Mais qui peut s'imaginer et se prétendre « exemplaire » ? Il y a là une démesure, une « *hubris* », qui disqualifie *a priori* ceux qui s'en réclament. Que les politiques fassent leur travail aussi sérieusement que possible, sans prétendre se donner en exemple à qui que ce soit, et ce sera déjà très bien. La faute et le mensonge du ministre défaillant sont qualifiés d'« impardonnables » : ce passage brutal de la complaisance à la

1. Chantal Delsol, « Morale et politique, les liaisons dangereuses », *Le Figaro*, 17 mai 2011.

mise à mort blesse la sensibilité chrétienne, qui sait en réalité que la perspective du pardon est ce qui favorise le mieux le plein avènement de la vérité. « Où le péché s'est multiplié, la grâce a surabondé », écrit saint Paul aux Romains[1] ; « Dès que la faute est démasquée, le charme est rompu et la grâce est perdue », semble répondre la dure et superficielle logique mondaine, pour une part hypocrite d'ailleurs puisque tout finira souvent par de « petits arrangements entre amis ». Et que dire des simulacres de « confessions » médiatiques mises au point par des professionnels de la communication avec la complicité de journalistes qui, les uns et les autres, mésestiment manifestement le grand public ? On reproche vigoureusement au coupable d'avoir menti. Mais, en même temps, on raisonne comme si la seule affirmation d'une vérité constituait une violence, potentiellement antidémocratique. Sur quel fondement s'attaquer au mensonge quand on a choisi comme *credo* « à chacun sa vérité » ? Reste-t-il une place pour la simple exigence de sincérité ? « Notre temps est celui de l'ambiguïté », fait dire Volkoff à l'un des personnages de son ultime roman[2]. Plus profondément encore, comment une majorité peut-elle inscrire dans la loi qu'un enfant aurait deux pères ou deux mères et hurler en même temps au crime de lèse-vérité ?

Ce contexte troublé donne un regain de pertinence et d'actualité au regard chrétien sur la politique. À la

1. Romains 5, 20.
2. Vladimir Volkoff, *L'Hôte du pape*, Paris, Éditions du Rocher, 2004, p. 180.

tentation de la démesure, de la schizophrénie et du relativisme, qui sont à la racine de la crise contemporaine du politique, l'Église apporte la réponse d'une vision modeste de l'action publique. Elle invite avant tout à ne pas céder à la fascination du politique, qui marque autant les courants révolutionnaires que certaines attitudes réactionnaires ; pensons au « politique d'abord ! » de Maurras. « La politique n'instaure pas le royaume de Dieu, écrivait le cardinal Ratzinger juste avant de devenir Benoît XVI, mais elle doit sûrement se préoccuper d'assurer un règne de l'homme qui soit juste ; cela veut dire : créer ce qui est nécessaire à une paix intérieure et extérieure, et à la justice, afin que tous puissent "mener une vie calme et paisible, en toute piété et dignité" (1 Timothée 2, 2). » Et il ajoutait : « Un messianisme eschatologico-révolutionnaire enthousiaste est absolument étranger au Nouveau Testament[1]. » L'homme qui s'exprime ainsi est un Allemand, qui a connu et le nazisme et la partition de son propre pays, traversé pendant plus de quarante ans par l'implacable « rideau de fer » communiste, ces totalitarismes « jumeaux » qui ont fait « le malheur du siècle[2] ». Il sait d'expérience où peut mener l'illusion meurtrière d'une eschatologie sécularisée, c'est-à-dire la tentative de faire advenir dans l'histoire un monde qui se prétendrait parfaitement achevé. Dès qu'il s'agit de regard chrétien sur la politique, on cite souvent la consigne

1. Joseph Ratzinger, *L'Europe, ses fondements, aujourd'hui et demain*, Saint-Maurice, Éditions Saint-Augustin, 2005, p. 68.

2. Alain Besançon, *Le Malheur du siècle. Communisme, nazisme, Shoah*, Paris, Perrin, « Tempus », 2005, p. 9.

de Jésus : « Rendez à César ce qui est à César et à Dieu ce qui est à Dieu[1]. » Plus fondatrice encore, suggère Jean-Louis Harouel dans son *Vrai Génie du christianisme*, est la parole adressée à Pilate : « Mon royaume n'est pas de ce monde[2]. » De telles affirmations ne doivent pas dissuader de s'engager en politique. Si Benoît XVI, théologien « pur et dur », s'est tant exprimé sur la politique, c'est précisément parce que l'histoire allemande lui a montré que l'absence d'engagement sérieux, c'est-à-dire à la fois mesuré et fondé, fait le lit des messianismes trompeurs.

Voilà qui devrait rendre les croyants assez circonspects face aux slogans : « changer le monde » ou « changer la vie ». Les chrétiens savent que le monde a été « changé » une fois pour toutes par la mort et la résurrection du Christ : « Il n'y a qu'une Révolution dans l'histoire de l'humanité : c'est la mort de Jésus sur la croix », n'hésita pas à écrire Jean d'Ormesson dans le *Chemin de croix des académiciens*[3]. Il s'agit aujourd'hui de travailler à la justice et à la paix avec rigueur et enthousiasme mais sans prétention excessive, qui serait nécessairement menteuse et donc potentiellement source de violence ou au moins de désillusion. Une telle approche s'oppose au rousseauisme vulgarisé qui habite une bonne partie de l'inconscient politique français : l'homme est bon ; les conditions politiques et sociales le rendent mauvais ;

1. Matthieu 22, 21.

2. Jean 18, 36. Cf. Jean-Louis Harouel, *Le Vrai Génie du christianisme. Laïcité, liberté, développement*, Paris, Jean-Cyrille Godefroy, 2012, p. 44-58.

3. *Chemin de croix des académiciens*, Paris, Bayard, 2008, p. 82.

transformons ces conditions malfaisantes et la bonté de l'homme et du monde adviendra. La vision catholique est différente et beaucoup plus profonde : l'homme est fondamentalement bon ; son cœur est radicalement blessé par un tropisme à la violence et à la peur dont il n'est pas immédiatement responsable (c'est la doctrine du « péché originel ») ; l'amour de Dieu révélé dans le Christ peut le délivrer de cette violence et de cette peur ; tant que dure l'histoire, habité par cet amour, l'homme peut et doit travailler humblement à l'avènement de plus de justice et de paix. Il n'est pas nécessaire d'être chrétien pour résister à la facilité, potentiellement dangereuse, du rousseauisme vulgarisé. Il suffit d'avoir une vision un peu approfondie de l'existence humaine. Quand les politiques luttent avec efficacité pour juguler la violence et faire reculer l'injustice, ils remplissent pleinement et modestement, pleinement parce que modestement, leur véritable mission.

L'esprit français résiste à cette vision qu'il jugera minimaliste. Sans doute parce qu'il assigne à la politique une place excessive. La politique n'est pas le tout de la vie collective. Les échanges économiques, la culture, l'amitié, l'amour, l'expérience spirituelle sont des réalités autrement plus fondamentales de l'existence humaine et qui, à bien des égards, échappent au champ politique. La politique n'est pas une instance suprême mais une instance auxiliaire ou régulatrice, un service qui permet à toutes les autres dimensions de se déployer. Parler de la politique comme un service, ce n'est pas seulement ni d'abord énoncer une exigence morale ou subjective mais mettre en lumière la réalité objective qui la fonde : la politique n'est pas à elle-même sa propre fin. Une culture de gauche du salut par la politique comme une culture autoritaire de droite – ces deux attitudes n'épuisant ni la culture de gauche ni la culture de droite – pèchent par monisme politique dans leur vision de la société. D'autant qu'une sorte de mythologie de l'État-nation nous a fait perdre depuis longtemps un sens suffisamment aigu de la complexité de la vie sociale. « La société unitaire moderne qui a vu le jour en Europe est un phénomène hautement exceptionnel[1] », écrit de manière stimulante William Cavanaugh, qui appelle à « "complexifier" l'espace[2] » pour renouveler la pensée politique. « Dans un pays comme la France, note Chantal Delsol dans le contexte de l'affaire Cahuzac, le gouvernement est littéralement divinisé. On n'imagine pas la fascination qu'exerce un ministre dans l'imaginaire même des élites – c'est grotesque[3]. » Les Français simultanément monarchistes et révolutionnaires divinisent leurs responsables politiques pour mieux les guillotiner. Cette posture, qui pourrait n'être considérée que comme une sorte de folklore ou de nostalgie, incarnée dans les ballets de limousines et le simulacre élyséen de cour d'Ancien Régime, met en lumière en fait une idolâtrie du politique. Les soubresauts de notre histoire – mouvements révolutionnaires de 1830, 1848,

1. William Cavanaugh, *Migrations du sacré. Théologies de l'État et de l'Église*, Paris, Éditions de l'Homme nouveau, 2010, p. 17.
2. *Ibid.*, p. 47.
3. Chantal Delsol, « La vie politique doit être inspirée par la morale », *Valeurs actuelles*, 11 avril 2013.

1870, changements à répétition de république et de constitution – manifestent la violence que recèle cette idolâtrie.

La foi chrétienne, en dépit des soupçons mais aussi, il faut bien le reconnaître, de quelques liaisons dangereuses à travers l'espace et le temps, ne souhaite donc pas la confessionnalisation du politique mais sa juste et relativement modeste situation. Devant le Bundestag et le Bundesrat réunis, Benoît XVI a déclaré à Berlin le 22 septembre 2011 : « Pour le développement du droit et pour le développement de l'humanité il a été décisif que les théologiens chrétiens aient pris position contre le droit religieux [...] et se soient mis du côté de la philosophie, reconnaissant la raison et la nature dans leur corrélation comme source juridique valable pour tous[1]. » Quelques années auparavant, il avait déjà écrit : « La politique est le lieu de la raison ; plus précisément, elle n'est pas le lieu d'une raison technique et calculatrice seulement, mais encore morale, puisque la fin de l'État, et donc la fin dernière de toute politique, est de nature morale, je veux dire la paix et la justice[2]. » Au nom même de leur foi, les chrétiens estiment que celle-ci n'est pas la cause immédiate de la décision politique : Dieu a confié le monde aux hommes et les a rendus capables de le gouverner par le juste exercice de leur raison. Encore faut-il ne pas limiter la raison à son usage technique : la raison est capable d'exercer un

1. Benoît XVI, Berlin, 22 septembre 2011.

2. Joseph Ratzinger, *L'Europe, ses fondements, aujourd'hui et demain*, *op. cit.*, p. 70.

discernement éthique ; c'est même sa vocation la plus profonde et le ressort de sa dignité. La foi chrétienne ne s'oppose pas à la raison mais au contraire l'invite à prendre conscience de ses capacités et de sa responsabilité. C'était l'un des messages, à l'époque fort bien accueilli par des philosophes très variés, de l'encyclique *Foi et raison*[1], rédigée en quelque sorte à quatre mains par Jean-Paul II et le futur Benoît XVI.

Si les catholiques s'opposent à l'euthanasie ou à la gestation pour autrui, s'ils affirment que le mariage est l'union d'un homme et d'une femme, s'ils sont particulièrement sensibles au traitement des migrants, s'ils croient à la liberté de l'enseignement, ce n'est pas pour des motifs d'abord confessionnels mais bien en vertu d'un diagnostic rationnel. Ce qui est en cause, sur ces sujets comme sur tant d'autres, c'est le respect inconditionnel de la dignité de toute personne humaine, en dehors duquel aucune société ne peut se construire sans faire le lit de la violence. Les catholiques sont parfois tentés par la confessionnalisation des sujets politiques. Ils doivent sans cesse se rappeler que leur foi elle-même les invite à donner toute sa place au travail médiateur de la raison, fondateur de l'espace éthique de la démocratie. Mais certains laïcistes dénieront aux catholiques, comme aux croyants en général, la possibilité d'un discours et de positions authentiquement rationnels. Leur appartenance spirituelle parasiterait nécessairement leur objectivité. La mise en forme rationnelle de leur discours ne

1. Jean-Paul II, *Foi et raison*, Paris, Centurion-Cerf-Mame, « Documents des Églises », 1998.

constituerait en réalité que le faux nez de leur prosélytisme politique[1]. À ceux-là, il faut répondre d'abord que les catholiques sont rarement seuls à défendre une éthique à leurs yeux ambitieuse. Contre la gestation pour autrui par exemple, l'avocate la plus vigoureuse et la plus brillante est sans doute aujourd'hui Sylviane Agacinski qui n'est pas catholique et dont l'essai *Corps en miettes*[2] a fait évoluer de manière décisive la réflexion de bien des acteurs du débat public. Derrière le soupçon de pseudo-rationalité se cache en réalité une approche trop immédiatement affective des questions d'éthique politique, souvent favorisée par les médias audiovisuels. Face aux slogans ou aux injonctions qu'il leur arrive de véhiculer, l'Église n'est pas l'adversaire mais l'avocate de la raison, invitant « à temps et à contretemps[3] » à en faire un usage plus rigoureux et persévérant.

Les Français ont avec Jacques Maritain un maître en ce domaine. Ce matérialiste athée, converti avec son épouse Raïssa par la pensée de Bergson d'abord puis grâce à la rencontre radicale avec le Christ sous l'influence de Léon Bloy, a été séduit un temps par l'Action française et par Maurras. Celui qui allait devenir un des soutiens intellectuels de la France libre s'est affranchi intellectuellement et spirituellement de la confusion du religieux et du politique en élaborant

1. Voir sur ce sujet : Jean-Pierre Delannoy, *Les Religions au Parlement français. Du général de Gaulle (1958) à Valéry Giscard d'Estaing (1975)*, Paris, Cerf, « Histoire », 2005.

2. Sylviane Agacinski, *Corps en miettes*, Paris, Flammarion, « Café Voltaire », 2009.

3. 2 Timothée 4, 2.

une pensée encore féconde aujourd'hui de la juste articulation entre appartenance spirituelle et engagement public[1]. Dans *L'Homme et l'État*, il écrit : « Les hommes ont acquis aujourd'hui [la] connaissance [...] d'un certain nombre de vérités pratiques touchant leur vie en commun sur lesquelles ils peuvent se mettre d'accord, mais qui découlent, dans l'esprit de chacun d'entre eux (selon leurs allégeances idéologiques, leurs traditions philosophiques et religieuses, leurs arrière-plans culturels et leurs expériences historiques), de conceptions théoriques extrêmement différentes, voire fondamentalement opposées. Comme l'a clairement montré la Déclaration des droits publiée par les Nations unies en 1948, il n'est sans doute pas aisé, mais il est possible d'établir une formulation commune [...] des divers droits que l'homme possède dans son existence individuelle et sociale[2]. » Quel que soit l'enracinement ultime de chacun, il est possible de formuler un consensus éthique raisonnable, condition de la vie commune et de la paix. Il y a, d'une part, le niveau fondamental de la nappe phréatique spirituelle ou intellectuelle de chacun et, d'autre part, le champ politique concret où tous peuvent se retrouver, en s'enrichissant mutuellement d'ailleurs de la variété de leurs sources. Maritain pourrait sembler pécher par optimisme, dans l'enthousiasme d'un après-guerre dont nous savons qu'il n'a pas tenu

1. Voir Guillaume de Thieulloy, *Le Chevalier de l'absolu. Jacques Maritain entre mystique et politique*, Paris, Gallimard, « L'esprit de la cité », 2005.

2. Jacques Maritain, *L'Homme et l'État*, Paris, Desclée de Brouwer, 2009, p. 97.

toutes ses promesses de reconstruction. Il reconnaît en fait que le consensus éthique minimal « n'est [...] pas aisé » à établir. Mais il a le mérite de chercher à articuler la voie horizontale de la paix sociale avec la voie verticale de son enracinement et de la cohérence personnelle. Ces deux voies ne s'opposent pas. Au contraire, elles se conjuguent.

Maritain recommande du coup à ses frères et sœurs dans la foi d'agir dans la cité non pas d'abord « en tant que chrétiens » mais « en chrétiens ». Il peut exister des politiques qui s'affichent catholiques pour séduire les électeurs croyants et ne tiennent aucun compte de ce qui n'est en définitive qu'une étiquette, par manque de courage ou de lucidité intellectuelle, au moment des choix importants. C'est l'attitude inverse que Maritain appelle de ses vœux. Le champ politique (on pourrait d'ailleurs étendre cette réflexion à d'autres sphères de la société) n'est pas d'abord le lieu d'expression d'une identité confessionnelle mais celui de la recherche et de la mise en œuvre rationnelles du bien commun. Qu'on ne s'y trompe pas, Maritain ne théorise pas une nouvelle forme de schizophrénie : agir « en chrétien », ce n'est pas renoncer à son appartenance spirituelle mais bien plutôt y puiser ardemment les ressources intellectuelles et morales qui permettent de participer de manière juste, courageuse et féconde au consensus éthique partageable avec d'autres. Voilà pourquoi le plan intermédiaire du passage de la « conviction » à la « responsabilité », pour reprendre les catégories souvent dévoyées de Max Weber, est particulièrement décisif. C'est « le plan du spirituel lui-même comme infléchi du côté du temporel et joignant celui-ci, c'est le plan du spirituel considéré dans sa connexion avec le temporel[1] ». Il faut ajouter que si la décision politique est du registre de l'action « en chrétien », elle ne condamne pas le croyant engagé à la clandestinité confessionnelle. Il peut et il doit assumer paisiblement sa foi dans l'espace public tout en en faisant le ressort profond de son engagement mais pas la cause immédiate, c'est l'adjectif important, de chacun de ses choix politiques concrets.

Un tel positionnement permet d'assumer paisiblement le fonctionnement laïc de notre République. « En 1905, la loi de séparation des Églises et de l'État, qui dénonçait le Concordat de 1801, fut un événement douloureux et traumatisant pour l'Église en France », rappelle Jean-Paul II dans une lettre adressée aux évêques de France à l'occasion du centenaire de la loi de 1905. Mais il ajoute : « Le principe de laïcité, auquel votre pays est très attaché, s'il est bien compris, appartient aussi à la Doctrine sociale de l'Église. Il rappelle la nécessité d'une juste séparation des pouvoirs qui fait écho à l'invitation du Christ à ses disciples : "Rendez à César ce qui est à César, et à Dieu ce qui est à Dieu" (Luc 20, 25). Pour sa part, la non-confessionnalité de l'État, qui est une non-immixtion du pouvoir civil dans la vie de l'Église et des différentes religions, comme dans la sphère du spirituel, permet que toutes les composantes de la société travaillent ensemble au service de tous et de

1. Jacques Maritain, *Humanisme intégral. Problèmes temporels et spirituels d'une nouvelle chrétienté*, Paris, Aubier, 1936, p. 316.

la communauté nationale[1]. » Jean-Paul II note que le principe même de la distinction entre spirituel et temporel est un fruit du christianisme et il souligne que cette distinction est à double sens : pas d'indiscrétion religieuse dans le fonctionnement de l'État et pas d'indiscrétion des pouvoirs publics dans la vie interne des communautés croyantes. Le cardinal Lustiger était particulièrement attentif à ce second point assez rarement souligné. Il faut se rappeler qu'en 1905, les anticléricaux les plus virulents n'étaient pas en faveur de la suppression du Concordat mais pour son renforcement, en vue de mieux contrôler l'Église catholique. Il reste d'ailleurs des traces de cette logique dans notre droit, en particulier l'obligation faite aux prêtres, sous peine de poursuites pénales, de ne marier religieusement que des couples déjà mariés civilement.

Pour Jean-Louis Harouel, la « disjonction chrétienne du politique et du religieux » constitue « le vrai génie du christianisme », « la source du miracle occidental ». « Qu'elles veuillent l'admettre ou non, écrit-il, les sociétés occidentales sont chrétiennes. La laïcité est une invention spécifiquement chrétienne. Le christianisme a inventé la distinction du sacré et du profane, du religieux et du politique, du pouvoir spirituel et du pouvoir temporel. Cette distinction est la marque spécifique et le fondement même de la civilisation chrétienne. C'est ce qui la rend profondément différente des autres civilisations[2]. » Pour Jean-

1. Jean-Paul II, « Lettre aux évêques de France », 11 février 2005.

2. Jean-Louis Harouel, *Le Vrai Génie du christianisme*, *op. cit.*, p. 11.

Louis Harouel, «l'invention de la laïcité» n'est pas seulement un acquis politique mais, beaucoup plus largement, à partir de cette libération première, la raison fondatrice de tout le développement scientifique et culturel occidental : «L'avènement de la science et de la technique moderne, affirme-t-il, est certes un miracle européen, mais plus profondément encore un miracle chrétien[1].» Et encore : «Le principe de liberté intérieure à l'égard des pouvoirs extérieurs – apport capital du christianisme – a protégé la vie de l'esprit[2].» Le paradoxe évidemment, c'est que la laïcité française s'est construite, et se construit parfois encore, contre le christianisme qui pourtant la fonde. C'est ce paradoxe que le cardinal Lustiger a voulu mettre en lumière, dans le contexte du bicentenaire de la Révolution française, par un titre bien frappé : *Dieu merci les droits de l'homme*[3].

Sans doute le christianisme a-t-il sa part de responsabilité dans l'adolescence perpétuelle d'une laïcité qui ne parvient pas à se réconcilier avec son origine. Des connivences avec les pouvoirs établis, une fascination trop immédiate pour l'action partisane, un défaut de prise en compte des exigences rationnelles du champ démocratique, bref un rapport pas assez chrétien aux réalités politiques ont pu brouiller le message de l'Église. Mais l'essentiel provient probablement de la transformation fréquente de la laïcité en idole, voire en religion de remplacement. Il suffit de

1. *Ibid.*, p. 11.
2. *Ibid.*, p. 49.
3. Jean-Marie Lustiger, *Dieu merci les droits de l'homme*, Paris, Critérion, 1990.

penser au titre de l'ouvrage consacré par Vincent Peillon à l'inventeur de l'acception moderne du mot « laïcité » : *Une religion pour la République. La foi laïque de Ferdinand Buisson*[1]. C'est Régis Debray qui m'a fait remarquer, lors d'une conférence au Service pastoral d'études politiques devant des élus de gauche, que notre Constitution n'employait pas le substantif « laïcité » mais l'adjectif « laïque »[2] : « La France est une République indivisible, laïque, démocratique et sociale[3] ». La laïcité n'est donc pas une « idée subsistante », à laquelle on pourrait avoir la tentation de rendre un culte, mais plutôt une pratique concrète, qui se précise d'ailleurs dans la suite de l'article premier : « [La France] assure l'égalité devant la loi de tous les citoyens sans distinction d'origine, de race ou de religion. Elle respecte toutes les croyances. » De manière également caractéristique, l'adjectif « laïque » est mis en résonance avec trois autres qualificatifs : « indivisible, démocratique et sociale », qui devraient empêcher de tomber dans le simplisme idéologique. D'autant que notre devise, mentionnée à l'article 2, comporte également trois termes : « liberté, égalité, fraternité » et pas, contrairement à ce que voudraient imposer certains : « laïcité ». C'est le jeu et la richesse complexes et précis de ces mots qui donnent à notre Constitution son équilibre et sa solidité. Faut-il d'ailleurs rappeler que le terme

1. Vincent Peillon, *Une religion pour la République. La foi laïque de Ferdinand Buisson*, Paris, Seuil, « La librairie du XXIe siècle », 2010.

2. Voir Régis Debray, *Ce que nous voile le voile. La République et le sacré*, Paris, Gallimard, 2004, p. 33.

3. Constitution de 1958, article 1.

« laïcité » – Émile Poulat, imbattable spécialiste en la matière, aime à le souligner – ne figure pas dans la loi de 1905[1] ?

On se souvient des débats enflammés que suscita l'adjonction par Nicolas Sarkozy de l'adjectif « positive » au substantif « laïcité », dans son fameux discours au Latran le 20 décembre 2007 et, déjà, c'était à l'époque passé inaperçu, dans son livre d'entretiens de 2004 : *La République, les religions, l'espérance*[2]. « La laïcité se suffit à elle-même », « elle ne souffre l'adjonction d'aucun qualificatif », entendit-on rugir ici et là. « Je me demande toujours pourquoi il faut qu'on ajoute des adjectifs pour qualifier ce terme de "laïcité", s'est interrogé paisiblement le cardinal Barbarin devant l'Académie des sciences morales et politiques. C'est sans doute parce qu'il n'est pas si clair que cela[3]. » De fait, on peut distinguer dans la gauche française, qui considère la laïcité comme un aspect déterminant de son code génétique, deux traditions différentes : la laïcité de combat, du « petit père Combes » à André Laignel et Jean Glavany, qui vont jusqu'à mettre en cause l'expression « liberté religieuse », trop ouverte selon eux à une expression publique de la foi, et demandent qu'on s'en tienne à la « liberté de conscience » ; la laïcité de dialogue,

1. Voir en particulier Émile Poulat, *Scruter la loi de 1905, la République française et la religion*, Paris, Fayard, 2010.

2. Nicolas Sarkozy, *La République, les religions, l'espérance. Entretiens avec Thibaud Collin et Philippe Verdin*, Paris, Cerf, 2004, p. 15.

3. Philippe Barbarin, « La France est-elle encore la "fille aînée de l'Église" ? », Académie des sciences morales et politiques, 15 avril 2013.

d'Aristide Briand à Lionel Jospin, le premier s'étant distingué par le rétablissement des relations diplomatiques avec le Saint-Siège dans les années 1920 et le second par la naissance de l'Instance de dialogue Église-État en 2002. Lorsque j'ai entendu la péroraison du discours fondateur de François Hollande au Bourget, au début de sa campagne présidentielle, je me suis demandé à laquelle de ses deux traditions il se rattachait : « Le rêve français, c'est la confiance dans la démocratie, la démocratie qui sera plus forte que les marchés, plus forte que l'argent, plus forte que les croyances, plus forte que les religions[1] ! » Le futur président semblait assigner deux adversaires à la démocratie : la finance et les religions. Ce qui est d'autant plus surprenant que beaucoup des chrétiens engagés à gauche y ont conjugué précisément sensibilité d'origine religieuse à la pauvreté et volonté de réforme sociale. J'ai fait part de ma surprise à plusieurs collaborateurs du candidat Hollande : « Je croyais qu'il était le fils politique de Lionel Jospin, je découvre qu'il est en fait l'héritier d'André Laignel. » « Mais non, m'a-t-on répondu, vous savez bien qu'il est le fils de Jospin, que nous sommes tous des fils de Jospin ! » L'avenir dira à quelle tradition se rattache effectivement le septième président de la Ve République[2].

Tout se passe en fait comme si le débat français sur la laïcité exprimait moins une divergence entre

1. François Hollande, Le Bourget, 22 janvier 2012.

2. Voir Samuel Pruvot, *François Hollande, Dieu et la République*, Paris, Salvator, 2013.

laïques et croyants qu'une dissension entre laïques eux-mêmes. Il y a d'un côté ceux qui ont une conception religieuse de la laïcité, fondamentalement anticatholique, et ceux qui ont une approche laïque de la laïcité, c'est-à-dire qui « respecte », pour citer la Constitution, les expressions religieuses tant qu'elles ne remettent en cause ni l'ordre public ni la neutralité de l'État. Dans un essai passionnant par la surabondance des références peu connues qu'il mobilise, Vincent Peillon prêche en faveur d'une authentique « théologie républicaine ». Celle-ci « se construit tout entière non pas à partir de la mort de Dieu, un événement qui aurait eu lieu, mais *dans* la mort de Dieu, comme événement qui ne passe pas et qui surtout ne *doit* pas passer, comme mort continuée, comme deuil sans terme, comme autre régime d'historicité[1] ». Le travers essentiel de la Révolution française serait de ne pas avoir été assez radicale[2] : « La Révolution n'a pas su être une révolution religieuse. Cela veut dire, à la lettre, non seulement que la Révolution n'a pas su déraciner les anciennes croyances, n'a pas su non plus, malgré des tentatives diverses, forger une nouvelle religion, mais que la *révolution n'a pas su révolutionner la religion elle-même*[3]. » On ne sait pas toujours, dans cet ouvrage, si Vincent Peillon parle en son nom propre ou résume l'opinion des auteurs qu'il présente. C'est en tout cas sans guillemets qu'il assène : « La

1. Vincent Peillon, *La Révolution française n'est pas terminée*, Paris, Seuil, 2008, p. 33.

2. Vincent Peillon esquisse d'ailleurs dans son livre une stupéfiante réhabilitation de la Terreur, p. 204.

3. *Ibid.*, p. 163.

religion de la République ne peut être celle de l'Ancien Régime, la religion catholique, parce que celle-ci est une religion de servitude inadaptée à la liberté[1]. » Tous ceux qui ont parcouru saint Paul et sa description de la « liberté des enfants de Dieu[2] » ne pourront qu'être étonnés de la brutalité de cette caricature.

Si l'on érige la laïcité en religion, alors laïcité et religion constituent des instances concurrentes. Mais si l'on distingue les « ordres », pour faire référence à Pascal, l'un de nos plus précieux génies nationaux, chacune peut se situer paisiblement à sa place. On a parfois l'impression d'assister, dans le contexte excessivement idéologique et passionné de notre cher pays, à un *remake* de l'affrontement, grandiose il est vrai, entre Élie et les prophètes de Baal[3]. Certains « prophètes » de la laïcité invoquent aujourd'hui encore la République comme une divinité païenne, dont la seule incantation devrait susciter l'avènement généralisé de la vertu. On aimerait que le général de Gaulle surgisse d'outre-tombe pour moquer ceux qui « sautent sur leur chaise comme un cabri, en disant : La République ! La République ! La République !... ». Faut-il rappeler d'ailleurs que, dans le premier article de notre Constitution, la République, avec une majuscule certes, est traitée comme un nom commun : « La France est une République indivisible, laïque, démocratique et sociale » ? Quoi qu'il en soit de ses *revivals* périodiques, la conception magique de la laïcité

1. *Ibid.*, p. 171.
2. Cf. Romains 8, 21.
3. 1 Rois 18, 20-40.

et de la République constitue une contradiction dans les termes dont on peut douter qu'elle ait beaucoup d'avenir.

C'est précisément parce qu'ils ne se situent pas sur le terrain de l'affrontement que les évêques de France ne souhaitent pas de modification de la loi de 1905. Notre statut des cultes est sans doute trop complexe et juridiquement fragile mais, depuis la loi de 1905, les accords Briand-Ceretti de 1920-1924 et la jurisprudence du Conseil d'État ont permis un *modus vivendi* concret qu'il serait imprudent de remettre en cause. Certes, l'appartenance à l'Europe, où coexistent différents statuts des cultes – au grand dam des laïcistes les plus durs –, et la place nouvelle de l'islam modifient la donne. Mais la France a une longue expérience des régimes concordataires par ses propres départements d'Alsace-Moselle. Quant au rapport avec l'islam, il n'est pas non plus totalement inédit : on oublie trop souvent l'existence d'un « droit français musulman » en Algérie avant 1962. La situation actuelle est évidemment totalement différente mais l'histoire nous enseigne qu'il y a dans notre tradition juridique et réglementaire assez de ressources pour répondre sereinement aux problématiques nouvelles. Louis Aragon, dont on sait les appartenances idéologiques, a chanté la fécondité historique pour la France de l'alliance respectueuse entre ceux qui croient au ciel et ceux qui n'y croient pas[1].

Pourquoi dès lors se crisper dès que la religion est en cause ? Pourquoi n'avoir spontanément pas d'autre

1. Louis Aragon, « La Rose et le Réséda », 1er mars 1943.

réponse en tête, dès que surgit une difficulté sociale à connotation religieuse, que de resserrer les boulons de la laïcité, solution simpliste et à terme contre-productive ? Souvent d'ailleurs, on adoptera un ton anticatholique pour camoufler en fait la peur de l'islam. C'est ainsi que des responsables socialistes ont interprété devant moi le discours de François Hollande au Bourget. À la racine de ce simplisme, il y a un refus théorique de considérer la religion comme une authentique donnée anthropologique. Certains devraient à ce sujet relire Voltaire : « Celui qui n'ose regarder fixement les deux pôles de la vie humaine, la religion et le gouvernement, n'est qu'un lâche[1]. » Une conséquence de ce refus théorique est une vision trop courte de la variété des phénomènes religieux. « Les pouvoirs politiques français sont encore assujettis à une vision napoléonienne des religions : ils projettent sans nuance sur toutes les religions de leur espace l'approche de la religion chrétienne et même spécifiquement catholique[2] », écrit Mgr Luc Ravel, évêque aux armées françaises, dans une lettre pastorale particulièrement fine et originale. On se souvient que les colonisateurs de l'Algérie, pourtant anticléricaux, étaient totalement désemparés par l'absence de « curés » dans les villages musulmans et se sont même employés à en susciter des avatars. Pour bien des républicains militants, toute religion, c'est en quelque sorte le catholicisme

1. Cité par Pierre Manent, *La Raison des nations. Réflexions sur la démocratie en Europe*, Paris, Gallimard, « L'esprit de la cité », p. 67.

2. Luc Ravel, *En terre de laïcité. Laïcité et Interreligieux*, Diocèse aux armées françaises, 2010, p. 16.

avec des « simagrées » extérieures légèrement différentes. Il est urgent de redécouvrir que le terme « religion » n'est pas univoque mais analogique : il désigne un certain nombre de caractéristiques communes aux différentes religions sans suffire à exprimer leurs spécificités les plus profondes. Les services dédiés du ministère de l'Intérieur traitent habituellement les questions religieuses avec compétence et pragmatisme. Mais les postures idéologiques l'emportent souvent en dehors du bureau des spécialistes. Il persiste en France une sorte d'allergie théorique et officielle à la religion comme telle, un refus de la dimension religieuse de la personne humaine que l'esprit des Lumières lui-même devrait aider à dépasser.

Les catholiques ont de leur côté à se débarrasser d'un complexe induit par cette allergie. Beaucoup surinterprètent la loi de 1905 comme une injonction de séparation entre l'Église et la société. Mais si la loi établit une séparation institutionnelle entre les Églises et l'État, elle n'instaure en aucun cas une séparation globale entre l'appartenance confessionnelle et la vie sociale. « Si la séparation de l'Église et de l'État est précieuse comme règle de nos actions, écrit Pierre Manent, elle deviendrait ruineuse si nous en faisions la règle de notre pensée. Le politique et le religieux ne sont jamais entièrement séparés ni séparables. On ne peut donc comprendre l'un et l'autre que si on ne les sépare pas[1]. » Il n'y a aucune raison pour les catholiques de s'autocensurer dans les débats de

---

1. Pierre Manent, *La raison des nations. Réflexions sur la démocratie en Europe*, *op. cit.*, p. 11.

société ni de se laisser excessivement impressionner par l'*a priori* de discrédit qui leur est souvent renvoyé par la mentalité ambiante ou les médias.

D'autant moins que notre société en perte de repères a un besoin crucial de tout ce qui peut l'aider à comprendre et à dépasser ses blessures. Pourquoi tant de violences, une telle dépression sociale, tant d'échecs en matière éducative ou économique dans la France d'aujourd'hui ? Beaucoup de politiques en restent au diagnostic technique sans s'interroger jamais sur les racines éthiques d'un mal qui, malgré tant de réformes, ne cesse de s'approfondir. La crise essentielle à laquelle nous avons à faire face est morale : beaucoup de nos contemporains ne trouvent plus en eux-mêmes le désir d'innover, d'entreprendre, de vivre ensemble, voire de vivre tout court. « Le manque d'amour, déclarait le futur pape François à l'occasion d'une fête nationale argentine, ne fait pas que nous déshumaniser. Il finit par nous dépolitiser[1]. » La violence de nombreux jeunes, dont la violence verbale de certains politiques n'est d'ailleurs pas très éloignée, est l'expression d'un mal-être profond. En refusant de regarder ce mal-être en face, en accélérant la déstructuration de repères anthropologiques, notamment familiaux, en manifestant une agressivité au moins de façade à l'égard des expressions religieuses, certains de nos politiques se comportent en pompiers pyromanes.

Une question urgente se pose à tous : Qu'est-ce qui « tient le monde ensemble » ? Quels sont, pour

1. Jorge María Bergoglio-pape François, *Seul l'amour nous sauvera*, *op. cit.*, p. 52.

reprendre les mots de Benoît XVI, quelques mois avant son élection au siège de Pierre, lors d'un débat mémorable avec Jürgen Habermas, « les fondements moraux prépolitiques d'une société libérale[1] » ? Celui qui fut longtemps le philosophe de la « détranscendantalisation » n'a pas hésité à dire au futur pape combien la contribution des religions lui semblait précieuse pour la survie des sociétés sécularisées : « Des citoyens sécularisés, quand ils assument leur rôle de citoyens, n'ont le droit ni de dénier à des images religieuses du monde un potentiel de vérité présent en elles, ni de contester à leurs concitoyens croyants le droit d'apporter, dans un langage religieux, leur contribution aux débats publics. Une culture politique libérale peut même attendre des citoyens sécularisés qu'ils participent aux efforts pour faire passer des contributions pertinentes issues du langage religieux à un langage public accessible à tous[2]. » Ces affirmations, qui ont étonné certains des lecteurs habituels d'Habermas, n'étaient pas simple politesse à l'égard du cardinal Ratzinger ; depuis ce dialogue, « Jürgen Habermas a maintenu fermement et même affiné sa proposition aux sociétés et aux États sécularisés et laïques d'écouter davantage le message des religions[3] ».

1. Jürgen Habermas, Joseph Ratzinger, *Raison et religion. La dialectique de la sécularisation*, Paris, Salvator, « Controverses », 2010, p. 61-85.

2. Jürgen Habermas, Joseph Ratzinger, *Raison et religion. La dialectique de la sécularisation*, *op. cit.*, p. 60.

3. Jean-Louis Schlegel, « À propos de la traduction française du débat de Munich », *in* Jürgen Habermas, Joseph Ratzinger, *Raison et religion. La dialectique de la sécularisation*, *op. cit.*, p. 29.

Encore faut-il que les religions répondent à ce besoin et que les politiques acceptent de leur prêter attention. « L'Église qui partage le sort terrestre du monde, écrit Mgr Ravel, se doit d'apprendre à lire au monde politique : à lire les signes des temps comme le livre de l'Apocalypse le fait dans la Bible en un langage mystérieux[1]. » En amont des débats électoraux de 2012, le cardinal Vingt-Trois a, dans cet esprit, publié un petit ouvrage intitulé : *Quelle société voulons-nous ?*[2]. Plaidant pour une « cohérence du principe d'humanité[3] », l'archevêque de Paris a solennellement averti : « Le moins-disant éthique n'assurera pas la cohésion sociale[4]. » Avec ses confrères de la Conférence des évêques de France, il n'a pas craint d'affirmer la fécondité anthropologique et donc politique de l'enracinement proprement chrétien : « De sa contemplation du Christ, l'Église tire une vision cohérente de la personne en toutes ses dimensions, inséparables les unes des autres. Cette vision peut servir de guide et de mesure aux projets qu'une société doit se donner[5]. » Certains politiques sont prêts à entendre ce langage. « Je trouve tout à fait normal, a déclaré Jean-Pierre Raffarin, que les chrétiens notamment, les religieux en général, soient engagés dans le débat politique, que la laïcité soit à la fois la

1. Luc Ravel, *En terre de laïcité. Laïcité et interreligieux*, *op. cit.*, p. 49.

2. André Vingt-Trois, *Quelle société voulons-nous ?*, Paris, Pocket, 2012.

3. *Ibid.*, p. 111.

4. *Ibid.*, p. 113.

5. Déclaration du Conseil permanent de la Conférence des évêques de France, 3 octobre 2011.

protection de l'espace public et une grammaire permettant de participer avec des convictions religieuses au débat politique[1]. » Tous n'ont manifestement pas appris cette « grammaire », métaphore suggestive qui rejoint celle de la lecture chez Mgr Ravel. « L'homme européen s'est persuadé que pour être moderne et libre, note un observateur américain à la plume particulièrement acérée, il devait être radicalement laïc. Cette conviction a eu des conséquences cruciales – voire létales – sur la vie publique et la culture de l'Europe : elles sont *de facto* à la racine de la crise morale de civilisation que connaît actuellement l'Europe[2]. »

« Être radicalement laïc », c'est en fait risquer de ne plus pouvoir l'être. À force de mépriser la révélation biblique et de chercher à la congédier, une certaine laïcité, qui en est pourtant la fille, scie la branche sur laquelle, sans le savoir ou le comprendre, elle est assise. Dans ce domaine comme dans beaucoup d'autres, rien n'est jamais définitivement acquis et une rupture culturelle délibérée au nom de la laïcité, devenue folle, la conduirait à sa perte. « En prétendant défendre la laïcité, a pu écrire Philippe Portier, les hommes politiques la subvertissent[3]. » Nous avons à redécouvrir sans cesse la fécondité du modèle biblique de la tension entre le prophète et le roi.

---

1. *Jean-Marie Lustiger cardinal républicain* (sous la direction de Matthieu Rougé), Paris, Parole et Silence, « Collège des Bernardins », 2010, p. 107.
2. George Weigel, *Le Cube et la cathédrale. L'Europe, l'Amérique et la politique avec ou sans Dieu*, Paris, La Table ronde, 2005, p. 58.
3. Philippe Portier, *La Croix*, 29 mars 2013.

Ni Nathan, ni Daniel, ni Jésus, en qui tout s'accomplit, ne souhaitent prendre le pouvoir. Mais, en poussant David[1], Nabuchodonosor[2] ou Pilate[3] dans leurs retranchements théoriques et personnels, ils leur ouvrent une possibilité d'exercer leur responsabilité de manière droite. Les faux prophètes, de droite comme de gauche, renoncent à la richesse de l'interrogation proprement spirituelle : prétendant s'inscrire de plain-pied dans l'action politique, ils travestissent leur message religieux, ils en acceptent une réduction partisane. C'est Maurras refusant le *Magnificat*[4] en raison de son exaltation des pauvres ou Proudhon considérant le socialisme comme « la vérité du christianisme ». « Il avait une vive antipathie pour les deux paroles fondatrices du dualisme chrétien : "Rendez à César..." et "Mon royaume n'est pas de ce monde"[5]. » Mais les prophètes authentiques, aujourd'hui comme hier, en s'appuyant sur la richesse multiforme et sur la cohérence de la Révélation, sont en mesure d'interroger et d'éclairer les politiques sans prétendre se substituer à eux.

Présentant le *Compendium de la doctrine sociale de l'Église*[6] à une cinquantaine de parlementaires en 2004, le cardinal Barbarin soulignait à quel point y étaient unies les questions de la famille et de la

1. 2 Samuel 12.
2. Daniel 4.
3. Jean 18, 28-19, 16.
4. Luc 1, 46-55.
5. Jean-Louis Harouel, *Le vrai génie du christianisme*, *op. cit.*, p. 199.
6. Commission pontificale Justice et Paix, *Compendium de la doctrine sociale de l'Église*, Paris, Bayard-Cerf-Fleurus-Mame, 2004.

bioéthique, thèmes de prédilection des « cathos de droite », et celles du travail ou des migrants, points d'attention prioritaires des « cathos de gauche ». Être pleinement catholique – le diminutif « catho » est souvent un raccourci tristement révélateur –, c'est promouvoir la personne humaine « en toutes ses dimensions, inséparables les unes des autres » pour reprendre la déclaration des évêques en 2011. Il est légitime pour un catholique de s'engager à gauche comme à droite, en fonction de ses analyses économiques notamment, même si un certain nombre de positions en matière de laïcité ou de questions de société peuvent rendre telle option plus problématique qu'une autre. Mais un catholique, quels que soient ses choix, doit veiller à préserver la richesse de son appartenance spirituelle, à ne pas la laisser se réduire en positionnement partisan. Une étude récente et éclairante sur « les chrétiens de gauche en France de 1945 à nos jours » s'intitule, de manière peut-être astucieuse mais surtout abusive : *À la gauche du Christ*[1]. Le Christ n'est le président ni de l'Assemblée nationale ni du Sénat. Être assis à sa droite et à sa gauche est réservé à ceux qui auront participé, par une vie pleinement donnée, à sa mort et à sa résurrection[2]. Transformer le Christ en marqueur partisan, c'est à la fois profaner son visage et cesser d'en recevoir la richesse proprement spirituelle, seule susceptible d'irriguer vraiment un engagement politique ultérieur.

1. Denis Pelletier, Jean-Louis Schlegel, *À la gauche du Christ. Les chrétiens de gauche en France de 1945 à nos jours*, Paris, Seuil, 2012.
2. Marc 10, 39-40.

Les chrétiens ne doivent pas avoir peur de s'engager, bien qu'aujourd'hui comme hier les modalités concrètes d'un engagement droit et fécond ne soient pas faciles à déterminer. Peut-être même la gravité du malaise anthropologique contemporain sonne-t-elle de manière particulière, une nouvelle fois dans l'histoire, l'heure des chrétiens en politique. Ils n'ont en tout cas pas le droit de se désintéresser des crises dont leur regard de foi peut fortement contribuer à mettre au jour les ressorts cachés. Il faut pour cela qu'ils cultivent un enracinement spirituel qui persiste au-delà des accaparements et des vicissitudes du combat partisan. Plusieurs résistants chrétiens furent naguère stimulés par ce conseil de saint Bernard : « Par les temps corrompus que nous vivons (Éphésiens 5, 16), je me bornerai à te recommander, pour commencer, de ne te consacrer à l'action ni tout entier, ni toujours, mais de réserver à la considération une partie au moins de toi-même, de ton cœur et de ton temps[1]. » En écho à cette exhortation, je repense au pèlerinage de deux cents élus à Lourdes en pleine campagne électorale au printemps 2012 : ces hommes et ces femmes très impliqués acceptèrent de prendre une matinée entière pour s'initier à la prière silencieuse, dans la tradition du carmel. « Bénis soient les élus ! » titra *Libération* pour rendre compte de ce meeting singulier[2]. Un tel enracinement est la condition de l'indispensable courage. « L'histoire nous présente

---

1. Saint Bernard, *De la considération*, Paris, Cerf, 1986, p. 33.

2. Bernadette Sauvaget, « Lourdes : bénis soient les élus ! », *Libération*, 11 avril 2012.

cent personnages doués des plus rares talents, mais dont le manque de caractère frappa l'œuvre de stérilité[1] », avertit le général de Gaulle. Les choses n'ont pas changé depuis la publication du *Fil de l'épée*.

Outre l'enracinement et le courage, une capacité à proposer, une créativité politique et sociale sont requises de la part des chrétiens qui voudraient participer, avec d'autres, au renouveau de l'offre politique. J'ai souvent entendu des catholiques regretter l'absence de *lobby* susceptible de défendre leurs positions auprès des décideurs. Le travail d'influence, qui peut contribuer au bon fonctionnement de la démocratie quand il est mené de manière respectueuse et honnête, ne doit en effet pas être négligé. Mais plus important et prometteur me semble le modèle du *think tank*, du réservoir d'idées, où s'élaborent les propositions d'avenir. S'il est important que les catholiques sachent assumer parfois des positions défensives fermes, ils ne doivent pas s'en contenter. Leur capacité à participer à la proposition politique n'a souvent d'autre limite que leur énergie et leur inventivité. Je me souviens de l'audition d'une personnalité catholique par une mission d'information parlementaire. Le rapporteur de cette mission m'avait averti que l'intervenant en question pourrait non seulement justifier ses convictions éthiques mais encore apporter des propositions que la mission serait éventuellement heureuse de reprendre à son compte. J'avais bien sûr répercuté cette indication. Le jour venu, les convictions éthiques

1. Charles de Gaulle, *Le Fil de l'épée*, Paris, Berger-Levrault, 1944, p. 48.

furent parfaitement défendues mais, quand arriva le moment des propositions, ce fut le grand silence. Cette audition pour une part décevante résonne encore en moi comme une amère parabole.

Enracinement, courage, créativité, ces vertus trouvent en saint Thomas More une synthèse magnifique[1]. C'est Jean-Paul II qui a souhaité en l'an 2000 faire de ce Britannique exceptionnel le saint patron des responsables politiques. Époux et père de famille, homme de prière et de culture, More eut une carrière impressionnante puisqu'il fut chancelier du roi Henri VIII, c'est-à-dire Premier ministre. « De la vie et du martyre de saint Thomas More, écrit Jean-Paul II, se dégage un message qui traverse les siècles et qui parle aux hommes de tous temps de la dignité inaliénable de la conscience, dans laquelle, comme le rappelle le concile Vatican II, réside "le centre le plus secret de l'homme et le sanctuaire où il est seul avec Dieu dont la voix se fait entendre dans ce lieu le plus intime[2]". Quand l'homme et la femme écoutent le rappel de la vérité, la conscience oriente avec sûreté leurs actes vers le bien. C'est précisément pour son témoignage de la primauté de la vérité sur le pouvoir, rendu jusqu'à l'effusion du sang, que saint Thomas More est vénéré comme exemple permanent de cohérence morale. Même en dehors de l'Église, particulièrement parmi ceux qui sont appelés à guider les destinées des peuples, sa figure est reconnue comme

1. Voir Jacques Mulliez, *Thomas More. Au risque de la conscience*, Paris, Nouvelle Cité, 2013.

2. Concile Vatican II, *Constitution sur l'Église dans le monde de ce temps*, § 16.

source d'inspiration pour une politique qui se donne comme fin suprême le service de la personne humaine[1]. » More n'a pas été, de manière immédiate, un martyr de la foi mais plutôt un martyr de la conscience, de la fidélité à sa conviction la plus intime face à la facilité d'une obéissance de façade à Henri VIII, qui l'aurait en fait rendu complice de la tyrannie. J'ai souvent constaté que les politiques d'aujourd'hui sont sensibles au témoignage de cet homme qui n'a pas agi par conformisme extérieur, fût-ce à la parole du pape, mais par authenticité intellectuelle et spirituelle. Le ressort profond de sa sainteté en politique a sans doute été sa fidélité à la prière et la rectitude de sa vie familiale mais aussi sa culture d'ami d'Érasme et de nombreux humanistes[2]. Tant il est vrai que le moyen terme indispensable entre la vie spirituelle et l'action est le champ de la raison et du cœur dans toutes ses dimensions, c'est-à-dire notamment celui de la culture. Sans enracinement culturel, les opinions politiques même justes sont comme hors sol et aussi fragiles qu'une semence jetée au bord du chemin ou sur des endroits rocheux[3]. Ainsi donc, ce n'est pas seulement ou d'abord par la politique que les chrétiens peuvent influer sur la marche du monde mais bien davantage sans doute par la vitalité et le renouveau de la culture.

---

1. Jean-Paul II, « Lettre apostolique pour la proclamation de saint Thomas More comme patron des responsables de gouvernement et des hommes politiques », 31 octobre 2000.

2. Jacques Mulliez, *Thomas More. Au risque de la conscience*, *op. cit.*, p. 164-169.

3. Matthieu 13, 3-23.

II

Contre-culture ?

Aux yeux du monde, le recul de la présence culturelle du catholicisme dans la France contemporaine est plus profond encore que sa perte d'influence politique. La sociologue Danièle Hervieu-Léger a même forgé un concept pour désigner cette mutation : « l'exculturation[1] ». On ne compte plus les enquêtes d'opinion alarmistes et de fait alarmantes. « Laissez une paroisse vingt ans sans prêtre, prophétisait le saint curé d'Ars : on y adorera les bêtes. » Le cardinal Lustiger citait souvent cet apophtegme dont le style lapidaire et apparemment simpliste semblait pourtant loin de son style personnel. Voilà plus de vingt ans que bien des paroisses n'ont plus de curés résidents et les animaux de compagnie intéressent en effet souvent davantage que la prière ou les sacrements. À l'audimat, « Téléfoot » l'emporte chaque semaine haut la main sur « Le Jour du Seigneur ». L'effacement progressif des références et des pratiques chrétiennes stimule

1. Voir Danièle Hervieu-Léger, *Catholicisme, la fin d'un monde*, Paris, Bayard, 2003.

ceux qui veulent activement nous en « débarrasser » : comme les révolutionnaires substituant les « décades » aux semaines et des noms de légumes ou d'animaux de basse-cour aux saints du calendrier, Jacques Attali a récemment proposé que les fêtes « dont les noms conservent encore une connotation religieuse [...] se [voient] attribuer des noms laïcs ("fête des enfants" pour Noël et "fête de la liberté" pour Pâques)[1] ».

Et pourtant, dans *Le Mystère français*[2] – ce titre est beau, notamment pour ceux qui sont familiers de l'acception chrétienne du mot « mystère » : une réalité si profonde qu'on n'a jamais fini de la découvrir –, Hervé Le Bras et Emmanuel Todd reconnaissent une persistance catholique inattendue. « Dans notre livre, affirme Hervé Le Bras dans le contexte des manifestations contre le "mariage pour tous", nous avons pointé ce qu'on a appelé "le catholicisme zombie" : malgré la disparition quasi complète de la pratique religieuse, qui ne concerne plus que 6 % des Français, et 1 % des 18-24 ans, il reste une manière de vivre, nous disons une "anthropologie" façonnée au cours des siècles par l'Église catholique[3]. » L'image du « zombie », en dépit de son appartenance à la mythologie vaudoue, dit quelque chose de chrétien sur notre époque et sur l'histoire : comme le phénix qui renaît de ses cendres – et que l'iconographie paléochrétienne

1. Jacques Attali, « Laïciser l'État, enfin ! », *L'Express*, 4 février 2013.

2. Hervé Le Bras, Emmanuel Todd, *Le Mystère français*, Paris, Seuil, 2013.

3. Hervé Le Bras, « Avec le "mariage pour tous" le PS a fait une erreur électorale énorme », *Rue89*, 28 avril 2013.

a repris avec bonheur à Hésiode et Hérodote –, comme les lépreux de l'évangile[1], le zombie est un mort vivant, un être qui paraît mort mais dont la vie est plus forte que la mort. Ainsi le christianisme est-il sans cesse pris dans la logique de mort et de résurrection du Christ lui-même. Les signes de sa vitalité, au-delà de sa mort apparente, manifestent les promesses persistantes de la puissance de sa vie. Ceux qui jadis, comme Jacques Attali aujourd'hui, ont voulu substituer le « décadi » au dimanche l'ont appris à leurs dépens.

Il est saisissant de constater à quel point une partie de la culture française contemporaine, à son corps défendant en général – et d'une manière qui échappe à la plupart des catholiques, sommés de se rallier sans condition à la thèse de l'exculturation –, proteste de son enracinement chrétien. 7 novembre 2012 : Didier Decoin, qui a d'ailleurs lui-même publié un *Dictionnaire amoureux de la Bible*[2], proclame le résultat du prix Goncourt. C'est Jérôme Ferrari qui l'emporte pour son *Sermon sur la chute de Rome*[3], référence aux homélies éponymes de saint Augustin. Dans l'émotion de cette proclamation et de l'effervescence journalistique qui l'entoure, la langue de Didier Decoin fourche et il annonce : « le sermon sur la montagne de Rome », surdéterminant par une allusion à l'évangile[4] la référence à l'évêque d'Hippone.

1. Par exemple, Marc 1, 40-45.

2. Didier Decoin, *Dictionnaire amoureux de la Bible*, Paris, Plon, 2009. Voir aussi *Il fait Dieu*, Paris, Julliard, 1975.

3. Jérôme Ferrari, *Le Sermon sur la chute de Rome*, Arles, Actes Sud, 2012.

4. Matthieu 5, 1-7, 29.

Et tous les critiques littéraires de ne plus parler pendant quelques jours que de la prédication de saint Augustin au moment des invasions barbares, condensé de théologie de l'histoire et d'espérance chrétienne.

Le roman de Jérôme Ferrari n'est pas un traité de théologie. L'essentiel de l'intrigue se concentre sur la naissance et la mort d'un bar sordide dans la montagne corse. Mais tout l'ouvrage est traversé d'allusions spirituelles. C'est en cela qu'il exprime le mystère de notre époque, avec ce qu'elle a de « glauque », pour reprendre un adjectif dont usent et abusent les plus jeunes, et la soif d'espérance chrétienne qui la travaille. À sa naissance, Marcel Antonetti, futur grand-père de l'improbable philosophe barman, est un nourrisson fragile. Ses parents, qui l'ont fait baptiser « dans l'heure » de ses premiers cris, prennent grand soin de lui : « Ils le veillaient comme un mourant, accueillant chaque guérison comme un miracle dont il ne fallait pas espérer qu'il se répète car rien ne s'épuise plus vite que l'improbable miséricorde de Dieu[1]. » Dès les premières pages de son *Sermon*, Jérôme Ferrari évoque donc un contexte culturel effectivement suranné (le baptême quasi automatique, l'habitude de veiller les morts, un rapport plus ou moins superstitieux à la santé et aux miracles...) mais surtout une question spirituelle : qu'est-ce que la miséricorde de Dieu et que peut-on en attendre ? L'entrée en scène de saint Augustin est l'occasion d'un coup de griffe au clergé : « Augustin

1. Jérôme Ferrari, *Le Sermon sur la chute de Rome*, *op. cit.*, p. 16.

dissimulait sa jubilation sous des accents hypocrites de sagesse et de compassion, comme il est de mise avec les curés[1]. » N'y a-t-il pas là l'expression, en fait assez fréquente, d'une déception contemporaine à l'égard des prêtres, de leur manque de flamme, de disponibilité et de liberté intérieure ? La suite du roman est l'occasion d'un pèlerinage à Annaba, l'Hippone de saint Augustin, avec « le grand ciel de [sa] baie » et sa basilique dont l'éclat constitue comme une icône de la grâce. Et Aurélie, faisant siens sans le savoir peut-être les combats intellectuels et spirituels du docteur de la grâce, de se dire à elle-même : « Chaque monde est comme un homme, il forme un tout dans lequel il est impossible de puiser à sa guise, et c'est comme un tout qu'il faut le rejeter ou l'accepter, les feuilles et le fruit, la paille et le blé, la bassesse et la grâce[2]. » Avec délicatesse littéraire et spirituelle, Ferrari fait s'interroger Aurélie et ses lecteurs, à partir de la méditation d'Augustin lui-même et en écho à l'évangile du bon grain et de l'ivraie[3], sur le mystère de l'homme, pécheur et sauvé.

Le roman franchit un seuil dans l'intensité spirituelle – quelle justesse dans la compréhension de l'année chrétienne ! – avec la semaine sainte et « l'office des ténèbres » du jeudi matin. Tout y est : les Psaumes, l'encens, l'extinction progressive des cierges, la crécelle, le bruit suscité pour évoquer la descente du Christ aux enfers. Je ne sais pas si c'est en Corse

1. *Ibid.*, p. 61.
2. *Ibid.*, p. 115.
3. Matthieu 13, 24-30.

que Jérôme Ferrari a acquis une telle science liturgique, mais l'intensité de son texte devrait convaincre tous les prêtres de ne pas lésiner sur les signes sensibles, qui s'inscrivent dans les cœurs comme le sceau du Christ dans la cire de la vie. Après encore un passage, une kénose, par le trivial : « Emmanuel psalmodiait (*sic*) : — Putain, putain, putain, putain[1] », le lecteur est mûr pour écouter saint Augustin lui-même. Les circonstances de son sermon sont rappelées : « Chaque jour, des réfugiés apportent en Afrique le poison de leur désespoir. Les païens accusent Dieu de n'avoir pas protégé une ville devenue chrétienne. Depuis son monastère de Bethléem, Jérôme fait retentir l'impudeur de ses lamentations sur toute la chrétienté [...]. Il oublie, dans son chagrin blasphématoire, que les chrétiens n'appartiennent pas au monde, mais à l'éternité des choses éternelles[2]. » On peut se demander si ce n'est pas Ferrari lui-même qui entre en débat avec Augustin par le truchement de son saint patron. Toujours est-il qu'il laisse la paisible et profonde conclusion au docteur de la grâce : « Le monde marche vers sa fin mais il ne l'a pas encore atteinte, et nous ne savons pas quand il l'atteindra, car Dieu ne nous révèle pas tout. Mais ce qu'Il nous révèle suffit à combler nos cœurs et nous aide à nous fortifier dans l'épreuve[3]. »

Le Goncourt de Jérôme Ferrari n'est pas une exception dans son œuvre. Celui dont le dîner idéal

1. Jérôme Ferrari, *Le Sermon sur la chute de Rome*, *op. cit.*, p. 191.
2. *Ibid.*, p. 197.
3. *Ibid.*, p. 200.

rassemblerait Dostoïevski, Bernanos et Hannah Arendt[1] avait déjà donné comme titres aux chapitres de son roman précédent des références bibliques. *Où j'ai laissé mon âme* – cette expression pose d'emblée une question cruciale à ceux qui se saisissent du livre pour le feuilleter – est structuré en trois jours, comme le mystère pascal. Au terme de chaque journée, un officier français, pris dans l'épouvantable tourmente morale de la guerre d'Algérie, ouvre sa bible pour la prière du soir et lit le verset annoncé par une simple référence chiffrée au début du chapitre, qui lui donne *in fine* sa signification profonde : « Dans sa chambre, il ne prend même pas la peine de s'agenouiller pour sa prière du soir. Assis sur son lit, il ouvre sa bible et lit : "Qu'as-tu fait ? La voix du sang de ton frère est montée du sol vers moi"[2]. » Il y a déjà quelque chose d'augustinien dans ce procédé : l'homme se lit, se découvre lui-même en lisant l'Écriture. Pas plus que le *Sermon* cependant, *Où j'ai laissé mon âme* n'est un roman bien-pensant. Il contient des scènes de torture d'une violence insupportable et se termine littéralement en enfer. Cette confrontation à mains nues avec le mal n'est pas sans évoquer Bernanos, mais un Bernanos qui n'aurait peut-être pas encore entendu le bienheureux chuchotement final du « tout est grâce[3] ».

1. Catherine Delmas, « En privé avec Jérôme Ferrari », *Madame Figaro*, 25 novembre 2012.

2. Jérôme Ferrari, *Où j'ai laissé mon âme*, Arles, Actes Sud, 2010, p. 50.

3. Georges Bernanos, *Journal d'un curé de* campagne, *Œuvres romanesques*, Paris, Gallimard, « Bibliothèque de la Pléiade », 1961, p. 1259.

Cette confrontation entre une violence parfois obscène et l'attente de la grâce serait-elle devenue un des critères du Goncourt ? On la retrouve en tout cas dans *La Carte et le Territoire*. Sans doute Michel Houellebecq n'est-il pas un Père de l'Église. Mais la manière dont il évoque les retrouvailles profondes d'un fils avec son père, dans la nuit lumineuse entre toutes de Noël, a un parfum d'évangile du fils prodigue[1]. Tout commence à l'église Notre-Dame-de-la-Gare, dans le XIIIe arrondissement de Paris : Jed y contemple une jeune fille noire agenouillée au pied de la statue de Marie, sorte d'expression de l'actualité du mystère de la Nativité. Il accueille son père et, parce que ce dernier lui parle longuement, il devient enfin le fils qu'il n'était pas encore complètement. L'avènement du Verbe éveille l'esprit filial[2]. « Très loin à l'extérieur, un klaxon solitaire essayait d'interpréter : “Il est né, le divin enfant”, ratait des notes, reprenait[3]. » Rien de solennel dans cette allusion mais la perception, d'une acuité spirituelle saisissante, que la nativité du Christ est la source de notre naissance, toujours laborieuse, à la vie filiale, « nouvelle naissance[4] » qui nous délivre de la solitude. « Son père se tut à nouveau, resta comme suspendu dans ses souvenirs, puis se tassa sur lui-même, parut s'amenuiser, et Jed prit alors conscience de la fougue, de l'enthousiasme avec lesquels il avait parlé pendant ces

1. Luc 15, 11-32.
2. Jean 1, 1-14.
3. Michel Houellebecq, *La Carte et le Territoire*, Paris, Flammarion, 2010, p. 226.
4. Jean 3, 3.

dernières minutes. Jamais il ne l'avait entendu parler ainsi depuis qu'il était enfant[1]. » Pour un peu, Houellebecq aurait pu conclure en glosant sur l'évangile d'Emmaüs : « Mon cœur n'était-il pas tout brûlant au-dedans de moi tandis qu'il me parlait[2] ? » Pas de *happy end* cependant dans *La Carte et le Territoire*, où la grâce n'affleure que pour se dissimuler aussitôt.

Si le Goncourt se spécialise dans les tribulations de la grâce, les éditions Actes Sud, quant à elles, semblent affectionner les Pères de l'Église. Quelques années avant le *Sermon sur la chute de Rome* de saint Augustin et de Jérôme Ferrari, l'éditeur provençal publiait en effet *La Controverse de Bethléem*, roman épistolaire où Alain Le Ninèze fait dialoguer, parfois rudement, saint Jérôme, l'ermite de Bethléem traducteur de la Bible que nous avons déjà rencontré, et Rufin d'Aquilée. C'est l'histoire d'une amitié entre deux hommes de culture et de foi, d'une amitié virile, marquée par des débats sanglants et des réconciliations laborieuses. C'est aussi, à travers des disputes de traducteurs, l'histoire de notions théologiques essentielles comme le « péché » (« il s'agit d'une errance plutôt que d'une erreur, insiste Rufin, – ou d'une errance qui conduit à l'erreur[3] ») et la « conversion » (« *métanoiein*, je le redis, signifie : changer d'avis afin de changer de vie[4] »). On aimerait que tous les étudiants en théologie soient aussi précis qu'Alain

1. Michel Houellebecq, *La Carte et le Territoire*, *op. cit.*, p. 229.
2. Luc 24, 32.
3. Alain Le Ninèze, *La Controverse de Bethléem*, Arles, Actes Sud, 2009, p. 42.
4. *Ibid.*, p. 82.

Le Ninèze et tous les professeurs aussi pénétrants. L'ouvrage s'achève en posant à nouveau la question par excellence, la question de l'avenir de l'Église et du monde : «Que sera le monde sans Rome? Que sera-t-il si notre langue, si notre culture périssent? Et notre sainte religion? A-t-elle un avenir hors de ce que tu appelais le "catholicisme romain"? [...]. Cette réponse, Jérôme, c'est toi qui la détiens. C'est toi en Palestine, c'est Cyrille à Alexandrie, c'est Augustin en Afrique : vous êtes les seuls, désormais, à tenir le fragile flambeau de cette lumière du monde qui est en train de s'éteindre[1]. »

On pourrait multiplier les références analogues. Dans la belle collection des «dictionnaires amoureux», j'ai déjà mentionné l'ouvrage de Didier Decoin mais il faut également citer le savoureux *Dictionnaire amoureux du catholicisme* de Denis Tillinac[2]. Jean-Christophe Rufin, autre lauréat du prix Goncourt, vient de publier, après Alix de Saint-André, son journal de pèlerin vers Compostelle : «Être homme, ce serait connaître Dieu ou, à tout le moins, le chercher[3].» Sainte Thérèse d'Avila et saint Jean de la Croix sont entrés depuis peu dans la Pléiade[4]. Max Gallo, au début de sa trilogie sur saint Martin, le baptême de Clovis et saint Bernard[5],

1. *Ibid.*, p. 106.

2. Denis Tillinac, *Dictionnaire amoureux du catholicisme*, Paris, Plon, 2011.

3. Jean-Christophe Rufin, *Immortelle randonnée. Compostelle malgré moi*, Chamonix, Éditions Guérin, 2013, p. 139.

4. Thérèse d'Avila, Jean de la Croix, *Œuvres*, Paris, Gallimard, «Bibliothèque de la Pléiade», 2012.

5. Max Gallo, *Les Chrétiens*, Paris, Fayard, 2002.

évoque sa propre expérience spirituelle de manière particulièrement émouvante, tout comme Jean-Claude Guillebaud, éditorialiste au *Nouvel Observateur*, dans *Comment je suis redevenu chrétien*[1]. Philippe Nemo s'inscrit dans une logique semblable avec sa *Belle Mort de l'athéisme moderne*, où il va jusqu'à écrire : « La marque propre du “postmodernisme” pourrait bien être qu'il ne peut ni ne veut plus repousser Dieu[2]. » Le médiatique et spinoziste philosophe Raphaël Enthoven s'interroge comme naturellement sur l'eucharistie au terme d'un billet d'humeur sur le pain[3]. Quant aux trois volumes de Benoît XVI sur Jésus de Nazareth[4], ils sont devenus rapidement des best-sellers planétaires, envahissant durablement les librairies des gares et aéroports du monde entier, tout comme les premiers ouvrages du pape François[5]. Une coïncidence providentielle a d'ailleurs mis, juste après l'élection du nouveau successeur de saint Pierre, Paris et son métro sous le signe de saint François d'Assise, à l'occasion d'une exposition au Louvre sur Giotto, annoncée par sa fameuse et merveilleuse représentation de la prédication aux oiseaux.

Lorsque j'étais curé de Sainte-Clotilde, j'ai eu le

1. Jean-Claude Guillebaud, *Comment je suis redevenu chrétien*, Paris, Albin Michel, 2007.

2. Philippe Nemo, *La Belle Mort de l'athéisme moderne*, Paris PUF, 2012, p. 11.

3. Raphaël Enthoven, *Matière première*, Paris, Gallimard, 2013, p. 84.

4. Joseph Ratzinger-Benoît XVI, *Jésus de Nazareth I-III*, Paris, Flammarion, 2007-2012.

5. Voir en particulier Jorge María Bergoglio-pape François, *Seul l'amour nous sauvera*, *op. cit.*

bonheur de travailler avec un certain nombre d'écrivains et d'artistes, inégalement engagés dans la foi mais tous spontanément disponibles pour une collaboration ambitieuse et respectueuse. Luc Ferry, apôtre paradoxal d'une morale – relativement – chrétienne détachée de la pleine adhésion à la personne du Christ, a accepté de débattre avec le cardinal Barbarin[1]. Le compositeur Pierre-Adrien Charpy nous a donné *Source*, pour chœur et orgue, créé sous la direction de Raphaël Pichon avec Olivier Penin à l'orgue. Nous lui avions proposé de mettre en musique le verset 6 du chapitre 21 de l'Apocalypse : « Celui qui a soif, moi je lui donnerai de la source de vie, gratuitement. » Sylvie Germain a écrit un *Chemin de croix* plein de profondeur et de sensibilité, illustré avec force et originalité par Tadeusz Kluba[2]. Goudji, l'orfèvre génial exfiltré d'Union soviétique sous l'impulsion de Georges Pompidou, qui ressuscite sur un mode contemporain les splendeurs antiques de l'or des Scythes, a réalisé l'autel majeur de la basilique Sainte-Clotilde et offert la croix qui le surmonte.

Sainte-Clotilde possède un impressionnant chemin de croix de Pradier et Duret. Pour son cent-cinquantenaire en 2007, nous avons souhaité proposer aux académiciens français qui le voudraient bien de rédiger une version libre et personnelle de la traditionnelle méditation des quatorze « stations » imaginées par saint François d'Assise. Avec une certaine naïveté,

1. Philippe Barbarin, Luc Ferry, *Quel devenir pour le christianisme ? Débat animé par Jean-Marie Guénois*, Paris, Salvator, « Controverses », 2008.

2. Sylvie Germain, *Chemin de croix*, Paris, Bayard, 2011.

j'ai écrit à tous les académiciens pour les solliciter. Deux jours après ma lettre, les quatorze stations étaient déjà réparties. Pierre Messmer m'a écrit aussitôt : « Je rédigerai la cinquième station ; jeune combattant en Cyrénaïque, je ne pensais qu'à Simon de Cyrène », le serviteur sans état d'âme, le soutien providentiel et inattendu de Jésus sur le chemin du Golgotha. Pierre Messmer est mort avant l'achèvement du projet mais après m'avoir envoyé le texte manuscrit de sa sobre, profonde et vigoureuse méditation. Un membre de l'Académie qui ne passe pas pour calotin et qui a même écrit des lignes terribles contre l'Église est resté toute la journée du vendredi saint dans la basilique, à contempler les grands reliefs de pierre. Il composa ensuite un texte fort et délicat. Gabriel de Broglie, ancien membre de la Commission nationale de la communication et des libertés, devenue depuis le CSA, a médité sur la civilisation de l'image à la lumière du geste de Véronique recueillant sur un linge la trace du visage de Jésus. Quant à Maurice Druon, il m'avait dit d'emblée qu'il écrirait la quatorzième station et qu'elle s'achèverait par ces mots : « Maintenant commence l'espérance. » C'est son dernier texte publié, lu au moment de son propre ensevelissement dans sa chère abbaye de Faise : l'auteur truculent des *Rois maudits* s'en remettant à la bénédiction éternelle de l'unique Roi de gloire[1].

La paroisse des responsables politiques se devait de posséder une représentation de Thomas More, leur saint patron. Je me suis adressé au sculpteur Jean-

1. *Chemin de croix des académiciens*, Paris, Bayard, 2008.

Marc de Pas, qui s'est engagé dans le projet avec une disponibilité artistique et humaine exceptionnelle. Nous avons tant apprécié le relief qu'il a réalisé que nous l'avons sollicité une deuxième fois pour la création d'une représentation du bienheureux Jean-Paul II. La naissance de cette œuvre a été une nouvelle aventure amicale et spirituelle. L'émission «Ma vie d'artiste» sur France 5 s'y est intéressée, diffusant de semaine en semaine les étapes successives de la mise en œuvre du projet. Je ne sais pas ce qui habitait le cœur de la productrice, des cadreurs, de l'ingénieur du son. Toujours est-il que nous avons d'emblée collaboré dans un climat de confiance et de simplicité. De cette série de flashes a failli sortir un documentaire complet, mais, paradoxalement, l'organisme catholique auquel la productrice l'a proposé n'a pas été intéressé. En cette circonstance, le service public se sera montré plus ouvert à une expression culturelle chrétienne qu'une instance confessionnelle.

En bien des lieux et dans des domaines variés, des rencontres fécondes de ce genre ont lieu. Je pense à la musique sacrée, servie aujourd'hui par des artistes nombreux, enthousiastes et talentueux. Me reviennent en mémoire, entre mille souvenirs, l'enregistrement d'un *Requiem* de Fauré sous la ferme baguette de Laurence Equilbey, un merveilleux *Elias* de Mendelssohn dirigé par Raphaël Pichon, une bouleversante *Passion selon saint Matthieu* sous la houlette de Marc Minkowski dans le cadre du Festival d'opéra baroque de Beaune. Je pense aussi à la mise en valeur du patrimoine cultuel et à l'investissement des plus grands architectes dans la construction ou la restauration d'églises et d'édifices chrétiens, comme Jean-Marie Duthilleul ou Jean-Michel Wilmotte au collège des Bernardins. Et comment oublier l'immense succès du film *Des hommes et des dieux*, pourtant à certains égards si austère ? Au-delà de ces rencontres culturelles entre la foi et la cité, il faut mentionner les établissements scolaires et universitaires, la presse et les éditeurs confessionnels qui, soumis à la crise comme tous les autres, continuent d'être actifs et se sont même développés et réenracinés ces dernières années. Depuis la naissance de Radio Notre-Dame et de Radio Fourvière, dès l'autorisation des radios libres, un maillage de radios locales chrétiennes s'est déployé à travers tout le territoire. Maintenant que la plupart des stations profanes initialement locales ont intégré les grands réseaux nationaux, les radios chrétiennes constituent pratiquement les seules vraies stations de proximité. De même, alors que bien des chaînes de télévision sur le câble et le satellite meurent peu après leur naissance, KTO se développe courageusement depuis près de quinze ans. L'Église n'est pas passée à côté de l'avènement d'Internet et des réseaux sociaux : les monastères, renouvelant spontanément la mission des copistes d'antan, ont conçu des sites magnifiques qui constituent autant d'oasis spirituelles sur la toile ; diocèses, paroisses, mouvements, groupes de chrétiens actifs dans la cité sont extrêmement présents et réactifs sur Internet et les réseaux sociaux. Le pape n'est pas seul à twitter.

Il ne s'agit pas de faire comme si la culture chrétienne était dominante. Elle est objectivement absente de l'horizon de la majorité de nos concitoyens. Elle est délibérément combattue par un certain nombre d'acteurs de la vie culturelle. Mais il est indéniable qu'elle demeure comme une nappe phréatique cachée par le désert dont, ici et là, telle ou telle oasis manifeste la présence persistante et potentiellement féconde. À charge pour les catholiques, trop souvent démoralisés par le désert apparent, de repérer et d'encourager les pousses prometteuses, de creuser les puits que beaucoup attendent pour se désaltérer, sans céder aux mirages des fausses oasis que font miroiter ceux que le désert fascine ou enferme. C'est le sort, c'est la mission des croyants, depuis la vocation d'Abraham, de traverser le désert de campement en campement en y creusant voire en y débouchant des puits[1].

La coexistence entre des expressions culturelles de qualité ouvertes aux références chrétiennes et une désaffection massive à l'égard de ces références dans l'expérience ordinaire pose en fait la question de ce qu'est la culture. S'agit-il de « la formation intellectuelle, esthétique et morale de l'être humain[2] », pour reprendre les expressions de Jean-Louis Harouel dans un essai décapant, ou de « l'ensemble des mentalités et des mœurs d'un groupe humain donné, à quoi peut s'ajouter son organisation matérielle et technologique[3] » ? D'un côté les beaux-arts et les belles lettres, de l'autre la « culture d'entreprise », la « culture locale », le sol que l'on foule et l'air que l'on respire.

1. Genèse 26, 15-25.
2. Jean-Louis Harouel, *Culture et contre-cultures*, Paris, PUF, « Quadrige », 2002, p. 13.
3. *Ibid.*, p. 13.

Pour Jean-Louis Harouel, choisir la deuxième solution, c'est, en déclarant que tout est culture, s'interdire un vrai discernement, empêcher que se déploie un usage ambitieux de la raison et de la sensibilité. Dans un discours à l'Unesco qui fit date, Jean-Paul II, lui, définit la culture comme « ce par quoi l'homme en tant qu'homme devient davantage homme, "est" davantage, accède davantage à l'"être" »[1]. Ainsi la culture n'est-elle pas limitée à ses expressions esthétiques tout en ne sortant pas du champ éthique de l'exigence et du discernement, la qualité des expressions esthétiques devenant manifestation de la justesse du positionnement éthique (sans pour autant tomber dans les travers de l'art officiel). Autrement dit, la culture n'est pas de l'ordre du loisir ou du superflu mais touche à l'essentiel, à la façon d'habiter le monde et de le transformer. La culture, c'est la manière d'être au monde en tant qu'elle cherche à être toujours plus authentiquement humaine. Jean-Paul II insiste sur la dimension socratique de la culture qui passe par la présence à soi-même : « Pour la culture humaine, ce qui est essentiel, c'est non seulement la connaissance que possède l'homme sur le monde extérieur, mais aussi celle qu'il a de lui-même[2]. » Il a progressivement forgé et multiplié les expressions « culture de vie » et « culture de mort » pour mettre en lumière la gravité des enjeux éthiques liés aux expressions culturelles. La question essentielle n'est donc

1. Jean-Paul II, « Discours à l'Unesco », 2 juin 1980.

2. Jean-Paul II, *Mémoire et identité. Conversations au passage entre deux millénaires*, Paris, Flammarion, 2005, p. 100.

pas celle de l'appartenance confessionnelle immédiate d'une culture mais celle de son sérieux, de son authenticité humaine. « Comme l'a bien vu Hannah Arendt, note sévèrement Jean-Louis Harouel, la grande majorité des individus ne veulent pas la culture mais la distraction[1]. »

« La force [du discours que j'ai prononcé à l'Unesco sur le rôle de la culture dans la vie des nations], confia Jean-Paul II bien des années plus tard, résidait dans le fait qu'elle n'était pas une théorie sur la culture, mais un témoignage rendu à la culture – le simple témoignage rendu par un homme qui, s'appuyant sur sa propre expérience, exprimait ce que la culture a été dans l'histoire de sa nation et ce qu'elle représente dans l'histoire de toute nation[2]. » Il faut, pour comprendre cela, avoir en tête cette histoire de la Pologne privée pendant des années de territoire et d'État véritables. « La Pologne a survécu – mieux, elle a prévalu – grâce à sa culture, écrit George Weigel, l'incomparable biographe de Jean-Paul II[3] : une culture fondée sur une langue propre (slave, mais écrite en caractères latins, donc tournée à la fois vers l'Ouest et vers l'Est) ; sur une littérature unique qui a contribué à maintenir vivante la mémoire et l'idée de la "Pologne" ; et sur l'intensité de sa foi catholique – œcuménique et tolérante dans

1. Jean-Louis Harouel, *Culture et contre-cultures*, *op. cit.*, p. 31 (qui cite Hannah Arendt, *La Crise de la culture*, Paris, Gallimard, 1972, p. 263).

2. Jean-Paul II, *Mémoire et identité*, *op. cit.*, p. 103.

3. Voir George Weigel, *Jean-Paul II, témoin de l'espérance*, Paris, Jean-Claude Lattès, 1999.

ses expressions les plus hautes. Les Polonais savent dans leur chair et dans leur moelle que la culture mène l'histoire sur le long terme[1]. » Ainsi le discours de Jean-Paul II à l'Unesco, dès 1980, livrait-il, à partir de son expérience personnelle de Polonais mais aussi de philosophe et d'homme de théâtre, une des clés du mouvement de libération qu'il était en train d'impulser : la matrice culturelle de laquelle seule peuvent naître les transformations politiques véritables et par laquelle prennent corps les élans spirituels.

Si Jean-Paul II n'a pas cessé de croire à l'avenir du catholicisme français, c'est en raison de sa considération pour notre culture. Le pays de Claudel, de Péguy, de Bernanos, mais aussi de saint François de Sales, de saint Jean-Marie Vianney et de sainte Thérèse de Lisieux, de Chartres, de Vézelay, de Cîteaux possède de telles ressources culturelles qu'il ne peut pas s'écarter durablement de son identité profonde, quoi qu'il en soit des mutations, éventuellement enrichissantes d'ailleurs, de cette identité. C'est ainsi qu'il faut comprendre la deuxième partie de sa fameuse apostrophe, au Bourget en 1980 : « France, fille aînée de l'Église, es-tu fidèle aux promesses de ton baptême ? Permettez-moi de vous demander : France, fille de l'Église et éducatrice des peuples, es-tu fidèle, pour le bien de l'homme, à l'alliance avec la sagesse éternelle[2] ? » Le cardinal Lustiger a souvent raconté la

1. George Weigeil, *Le Cube et la cathédrale. L'Europe, l'Amérique et la politique avec ou sans Dieu*, *op. cit.*, p. 38.
2. Jean-Paul II, Le Bourget, 1er juin 1980.

manière dont Jean-Paul II le rabrouait quand il évoquait les difficultés chroniques du catholicisme français. Il allait de soi pour le pape polonais qu'elles étaient peu de choses à côté de la richesse et des promesses de notre héritage culturel. Les deux successeurs de Jean-Paul II partagent son affectueuse et confiante francophilie. Dans sa toute première homélie de pape, le lendemain de son élection, à la chapelle Sixtine, si lumineusement structurée par trois mots et trois attitudes : « marcher, construire, confesser », François n'a fait qu'une citation extrabiblique : « Me vient la phrase de Léon Bloy : "Celui qui ne prie pas le Seigneur, prie le diable"[1]. » Combien de Français connaissent et lisent aujourd'hui Léon Bloy, cité de mémoire par le pape argentin, la vigie de Montmartre, le « pèlerin de l'absolu », le parrain de Maritain ? Ainsi le nouveau pape nous renvoie-t-il à nos richesses culturelles et spirituelles comme à une tâche, une mission à accomplir. En dépit de sa bienveillance confiante, Jean-Paul II savait bien qu'il n'y a pas d'automatisme de la culture, que la culture est moins un capital qu'un acte à reprendre toujours.

Dans le contexte français contemporain du coup, où, malgré des expressions culturelles significatives d'une persistance du fait chrétien, la culture de masse semble s'en être radicalement éloignée, ne faut-il pas que les catholiques s'attachent énergiquement à développer une contre-culture chrétienne ? Les opinions sur ce point paraissent diverger. À Malte, petit pays catholique moins marqué que la France par la sécula-

1. Pape François, messe avec les cardinaux, 14 mars 2013.

risation, Benoît XVI déclarait aux jeunes en 2010 : « Dans le contexte de la société européenne, les valeurs évangéliques encore une fois deviennent une contre-culture, tout comme elles l'étaient au temps de saint Paul[1]. » Mais, à Paris, le cardinal Vingt-Trois recommande aux fidèles rassemblés à Notre-Dame : « Pour vivre dans notre différence sans nous laisser tenter par les protections trompeuses d'une organisation en ghetto ou en contre-culture, nous sommes appelés à approfondir notre enracinement dans le Christ et les conséquences qui en découlent pour chacune de nos existences[2]. » La divergence n'est qu'apparente : il s'agit, pour l'un comme pour l'autre, de faire rayonner sans crainte la puissance subversive du Christ et des « valeurs évangéliques », d'assumer la dimension contre-culturelle du christianisme comme tel, sans que l'Église elle-même s'érige en contre-culture illusoirement autonome. Appelant de ses vœux un renouveau authentiquement « évangélique » de l'Église catholique, George Weigel écrit : « Le catholicisme évangélique reconnaît pleinement qu'en proclamant la seigneurie du Christ et la possibilité d'une amitié avec lui qui transforme la vie, il fait une proposition profondément contre-culturelle. Les catholiques évangéliques savent aussi qu'il en a toujours été ainsi[3]. »

---

1. Benoît XVI, rencontre avec les jeunes, Malte, 18 avril 2010.
2. André Vingt-Trois, messe chrismale, Notre-Dame de Paris, 27 mars 2013.
3. George Weigel, *Evangelical Catholicism. Deep Reform in the 21st-Century Church*, New York, Basic Books, 2013, p. 58.

Pourquoi redouter l'approche contre-culturelle ? Jésus a recommandé : « Quand vous dites "oui", que ce soit un "oui" », mais il a ajouté : « Quand vous dites "non", que ce soit un "non"[1] » et saint Paul a enjoint : « Proclame la parole, insiste à temps et à contretemps[2]. » S'il est adolescent de s'enfermer dans la pure négation, c'est la marque d'une authentique maturité que de savoir s'opposer paisiblement mais fermement. Cette maturité est aujourd'hui à l'évidence indispensable tant une partie de la culture ambiante s'oppose aux valeurs évangéliques. Sans doute peut-il y avoir ici ou là une forme de veulerie, un excessif besoin de plaire, dans le rejet presque réflexe de toute attitude contre-culturelle. Mais l'expression « contre-culturel » renvoie pour certains à la « contre-réforme », voire à la « contre-révolution », attitudes réactionnaires, au sens propre du terme, qui ont pu de fait rétrécir le message catholique en l'enfermant dans une posture polémique. Le père de Lubac souligne, dans son admirable *Catholicisme*, qu'il n'est jamais bon que la doctrine ou la vie spirituelle s'élabore contre une erreur, une pratique, une pensée. Et de mettre en lumière l'authentique catholicisme du cœur et de l'esprit : « Ce beau nom de catholique [...], terme "accueillant comme les bras qui s'ouvrent, large comme l'œuvre de Dieu, terme merveilleux de richesse et plein d'échos infinis"[3]. » Sur

1. Matthieu 5, 37.
2. Timothée 4, 2.
3. Henri de Lubac, *Catholicisme. Les aspects sociaux du dogme*, *Œuvres Complètes VII*, Paris, Cerf, 2003, p. 273. Le professeur de Lubac cite le jésuite belge Pierre Charles.

un mode philosophique, Raphaël Enthoven écrit de manière suggestive : « Comme c'est par esprit négateur, par *réaction*, par crainte et non par goût, qu'il porte la contradiction, le politiquement incorrect est une marque d'intelligence jusqu'à un certain degré seulement. Le politiquement *in*correct, essentiellement négatif, est au courage intellectuel ce que la rébellion est à la liberté, ce qu'une habileté de mi-chemin est à la sottise incurable ou ce que le scepticisme est à la connaissance : une condition nécessaire et non suffisante, un point de départ qu'il serait intellectuellement suicidaire de tenir pour une fin en soi[1]. »

Un des malentendus sur la contre-culture provient sans doute de la méconnaissance de son histoire. Elle ne renvoie pas d'abord aux contre-révolutions de jadis mais aux révolutions culturelles du siècle qui vient de s'achever. « Le XXe siècle aura été le siècle des contre-cultures, rappelle Jean-Louis Harouel. La culture, en plus de deux millénaires d'existence, n'avait jamais reçu l'assaut de telles contestations, subi le choc de telles négations. Le terme contre-culture évoque au premier chef ce que l'on appelait ainsi dans les années 1960 et 1970 : la contre-culture américaine des *sixties* et ses retombées européennes. La contre-culture du néodadaïsme, des happenings, de la haine du savoir, de la raison, du passé. C'était l'exaltation de l'irrationnel, de l'inconscient, d'une créativité d'ordre instinctuel, du culte frénétique, voire orgiaque, de toutes les transgressions, perçues à la fois comme le moyen et le projet même de la révo-

1. Raphaël Enthoven, *Matière première*, *op. cit.*, p. 44.

lution[1]. » Ainsi la contre-culture n'est-elle pas le rejet d'une autre culture singulière, en raison de ses racines ou de ses fruits, mais une opposition à la culture comme telle, en tant que projet d'humanisation par l'unité du cœur et de la raison, un iconoclasme qui remet en cause parfois l'image de Dieu mais qui blesse aussi toujours le visage de l'homme. Le christianisme a fait avec d'autres les frais de cette poussée d'acné contre-culturelle parfois violente. Il lui est même arrivé de s'y associer en dénigrant la beauté de son propre patrimoine. Il doit aujourd'hui participer au renouveau de la culture comme telle. Le drame du temps présent, auquel les catholiques ont à faire face, est donc moins leur prétendue « exculturation » que la « déculturation de la société[2] » tout entière.

La connaissance et la maîtrise de la langue sont la base de toute culture. « Refaisons une école qui apprenne à lire, à écrire, à compter, à raisonner, supplie Jean-Louis Harouel. Reconstruisons à l'école l'apprentissage de la langue française. Revenons à l'étude des grands textes du patrimoine littéraire. Telles sont les conditions d'une renaissance de la culture[3]. » L'école catholique, pour sa part, en tant même que catholique, c'est-à-dire notamment attentive « à tout l'homme et à tous les hommes », doit y veiller avec une énergie singulière. Tout se passe aujourd'hui comme si la maladie d'Alzheimer, qui frappe si cruellement tant de personnes et de familles,

1. Jean-Louis Harouel, *Culture et contre-cultures*, *op. cit.*, p. 1.
2. *Ibid.*, p. 29.
3. *Ibid.*, p. 329.

touchait la société elle-même, perdue par amnésie et, du coup, par relative dysphasie. À l'inverse, il est intéressant de voir le « mouvement des veilleurs », né dans le sillage des manifestations contre le « mariage pour tous », se construire dans l'écoute des grands textes et d'œuvres musicales majeures, comme une sorte d'« université populaire » de la vraie dignité humaine. Il y a en France aujourd'hui un déficit global de maîtrise de la langue, pas seulement dans les quartiers défavorisés, qui explique pour une part la violence croissante de notre société. Le récent film de Margarethe von Trotta a mis en lumière l'étonnement d'Hannah Arendt au procès d'Eichmann : « "*Cet homme ne s'exprime que par clichés.*" La banalité du mal, c'est en premier lieu cela : l'impossibilité de s'exprimer dans une langue vivante[1]. » Toutes proportions gardées évidemment, la transformation contemporaine de la langue en clichés contribue fortement au manque de justice et de paix.

Dans ce contexte exigeant et stimulant, les catholiques ont à faire un examen de conscience : nombre de leurs prises de parole, écrites ou orales, bien des réalisations artistiques qu'ils promeuvent, plastiques ou musicales, sont perçues par des interlocuteurs pourtant disponibles comme d'une incompréhensible médiocrité. La palme, si j'ose dire, revient sans doute à certains cantiques, qui découragent par leur pauvreté bien des presque croyants entrés dans une église par hasard ou par désir. Il ne s'agit pas de viser

1. Anne Diatkine, « Ce qui choque, c'est le mal sans motif », entretien avec Barbara Cassin, *Libération*, 23 avril 2013.

je ne sais quel élitisme intellectualiste mais d'entretenir un minimum de rigueur et de saveur sémantique et esthétique. Ce qui veut dire aussi ne pas être à la remorque de tous les snobismes prétendument culturels par peur panique d'être « ringardisé ». On peut aujourd'hui s'émerveiller, avec ouverture de cœur et d'esprit, devant bien des réalisations, musicales, cinématographiques, théâtrales, architecturales, littéraires, philosophiques, plastiques, sans perdre le droit ni le devoir de dire de temps en temps, comme dans *Les Habits neufs de l'empereur :* « Le roi est nu ! » « Il est naturel qu'on pisse dans l'urinoir de Duchamp ou qu'on nettoie la baignoire de Dortmund : l'un et l'autre *sont faits pour ça*[1] », écrit avec liberté Raphaël Enthoven pourtant bien inséré dans les milieux parisiens.

Il est significatif que la scène qui a donné son nom à *Dieu est Dieu, nom de Dieu !* se déroule en marge du festival d'Avignon : « J'ai connu un poète, un grand poète, un ami, qui à vingt-deux ans donna sur notre scène certaines "*Épiphanies*", sœur des *Illuminations*, et les travaille encore depuis un quart de siècle. Or, un jour, au palais des papes d'Avignon, dans la Grande Cour, comme certains acteurs tenaient des propos avilis par le didactisme – ou sous un autre prétexte – soudain il s'écria, brama, tonna, d'une voix immense, dans un crescendo rythmé à faire crouler les murailles, ces mots qu'elles n'avaient sans doute pas répercutés depuis sept cents ans – sinon par la sublime Catherine de Sienne : – *Et l'amour, merde !...*

1. Raphaël Enthoven, *Matière première*, *op. cit.*, p. 114.

Et la Pureté, merde !... Et Dieu, merde !... Et dans un paroxysme : – *Dieu est Dieu, nom de Dieu*[1] *!* » C'est un homme de culture, un poète, qui « brame » et qui « tonne ». Il le fait dans un lieu sublime que toute médiocrité profane, celle de ces acteurs « avilis » des années 1970 comme celle de la cour pontificale jadis vigoureusement appelée à la conversion – et au retour à Rome – par sainte Catherine de Sienne. C'est un cri qui jaillit du plus profond du cœur, un juron en même temps qu'un acte de foi. Il y a du *Jeanne relapse et sainte* dans cette coïncidence paradoxale[2]. Et l'homme qui la transcrit est un ancien maoïste ayant découvert ce qu'il y avait de mortel dans ses illusions révolutionnaires et qui, à partir de sa bouleversante expérience du Christ, veut libérer ses contemporains de leur servitude spirituelle. Le cri du jeune poète sonne comme une trompette de Jéricho cherchant à ébranler les murs de la cité enfermée en elle-même[3]. Encore faut-il qu'au son de la trompette monte la clameur d'un peuple pour que les murailles en viennent à s'écrouler.

S'il est salutaire pour les chrétiens eux-mêmes qu'ils fassent une option résolue en faveur de la culture, il en va aussi de leur responsabilité à l'égard de ceux qui ne partagent pas leur foi ou qui la partagent de loin. Car si les catholiques en France sont devenus minoritaires en termes de pratique liturgique, ils demeurent culturellement majoritaires. Cela ne

1. Maurice Clavel, *Dieu est Dieu, nom de Dieu !*, *op. cit.*, p. 30.
2. Georges Bernanos, *Jeanne relapse et sainte*, *in Les Prédestinés*, Paris, Seuil, « Point Sagesse », 1983.
3. Josué 6, 1-21.

leur donne aucun privilège mais leur confère une responsabilité. Ils détiennent une des clés susceptibles d'aider leurs contemporains à se connaître eux-mêmes en comprenant la culture qui les porte. Si des catholiques ne sont pas capables de faire visiter leurs églises, s'ils n'ont pas la culture biblique suffisante pour commenter les tableaux du Louvre, s'ils ne voient pas à quoi font référence les différentes parties du *Te Deum* de Charpentier ou du *Stabat Mater* de Poulenc, s'ils ne savent pas faire aimer Pascal, *Esther* ou *Polyeucte*, qui délivrera nos concitoyens du sentiment mortel d'être des étrangers pour eux-mêmes ?

Je me demande comment les professeurs de français expliquent aujourd'hui le premier quatrain des merveilleux « Châteaux de Loire » de Péguy :

Le long du coteau courbe et des nobles vallées,
Les châteaux sont semés comme des reposoirs,
Et dans la majesté des matins et des soirs,
La Loire et ses vassaux s'en vont par ses allées.

Qui sait encore ce qu'est un « reposoir » ? Ouvrir Péguy, me dira-t-on, c'est nécessairement s'exposer à ne pas saisir toutes ses allusions catholiques. Soit, mais si l'on prend *Les Fleurs du mal*, on tombe à nouveau sur un « reposoir », qui rime de plus avec « encensoir » et « ostensoir » :

Chaque fleur s'évapore ainsi qu'un encensoir ;
Le violon frémit comme un cœur qu'on afflige ;
Valse mélancolique et langoureux vertige !
Le ciel est triste et beau comme un grand reposoir.

[...]
Un cœur tendre, qui hait le néant vaste et noir,
Du passé lumineux recueille tout vestige !
Le soleil s'est noyé dans son sang qui se fige...
Ton souvenir en moi luit comme un ostensoir[1] *!*

À nouveau, on pourra prétendre que ces termes en quelque sorte ésotériques contribuent à l'atmosphère de mystère suggérée par Baudelaire. Mais quel dommage de ne pas entrer dans la délicatesse des mots et des sentiments parce que des catholiques ont opéré une rétention culturelle en délaissant reposoirs, encensoirs et ostensoirs par manque d'esprit d'adoration !

Une littérature plus populaire n'est pas en reste. Philippe Delerm, dans sa *Première Gorgée de bière* compare « le paquet de gâteaux du dimanche matin » (pourquoi achète-t-on des gâteaux précisément le dimanche d'ailleurs ?) à un pendule et, encore une fois, à un encensoir : « Les gâteaux du dimanche sont à porter comme on tient un pendule. Sourcier des rites minuscules, on avance sans arrogance, ni fausse modestie. Cette espèce de componction, de sérieux de roi mage, n'est-ce pas ridicule ? Mais non. [...] Paquet de gâteaux à la main, on a la silhouette du professeur Tournesol, celle qu'il faut pour saluer l'effervescence d'après messe et les bouffées de P.M.U., de café, de tabac. Petits dimanches d'autrefois, petits dimanches d'aujourd'hui, le temps balance en encensoir au bout

1. Charles Baudelaire, « Harmonie du soir », *Les Fleurs du mal*, Paris, Gallimard, « Folio classique », 1972.

d'une ficelle brune[1].» Au-delà de la matérialité de l'encensoir, ce texte, qui évoque sur un mode badin la «componction», le «sérieux de roi mage» et le mystère du temps, prend toute sa signification à partir des profondeurs qu'il suggère. Qui n'a jamais fredonné «Les copains d'abord» de George Brassens? «C'étaient pas des anges non plus / L'Évangile, ils l'avaient pas lu / Mais ils s'aimaient tout's voil's dehors / Toutes voil's dehors / Jean, Pierre, Paul et compagnie / C'était leur seule litanie / Leur *Credo*, leur *Confiteor* / Aux copains d'abord.» Avec sa poésie et sa culture coutumières, Brassens parvient à exprimer en quelques mots la communion des saints («litanie»), fondement et perfection de l'amitié, la foi («*credo*») et la miséricorde («*confiteor*»). Encore faut-il que ces allusions puissent être décryptées.

Le relatif désert culturel français d'aujourd'hui ne doit donc pas faire peur aux catholiques. Il confère un sens de surcroît au témoignage qu'ils peuvent donner. S'il faut qu'ils cherchent à comprendre leur époque, ils ont aussi à l'éclairer à partir d'une mémoire culturelle que, par amour même du présent, ils n'ont pas le droit de négliger. Sans succomber au complexe de «l'exculturation», ils n'ont pas à être d'abord ou seulement «contre-culturels» mais «pro-culturels», serviteurs fermes et sereins d'une authentique «culture de la vie».

---

1. Philippe Delerm, *La Première Gorgée de bière et autres plaisirs minuscules*, Paris, Gallimard, «L'Arpenteur», 1997.

III

Une Église qui se trompe de siècle ?

Une telle approche ne risque-t-elle tout de même pas de condamner l'Église à n'être que la gardienne de musée des racines chrétiennes de la France ? Plus profondément, sa vision de la culture, c'est-à-dire aussi de la personne et de la vie, ne met-elle pas irrémédiablement l'Église d'aujourd'hui à l'écart de son siècle ? Ne devrait-elle pas en rabattre de ses prétentions culturelles, éthiques et spirituelles pour pouvoir se maintenir dans son époque, fût-ce sur un mode mineur ? C'est à Maurice Druon que j'emprunte la formule : « Une Église qui se trompe de siècle », titre, non pas interrogatif mais exclamatif, d'une tribune dans *Le Monde*, qui retentit à l'époque comme un coup de tonnerre. L'académicien n'y protestait paradoxalement pas contre l'anachronisme impénitent de l'Église mais déplorait au contraire le « séisme interne » de la communauté catholique du début des années 1970 : « Partout, et jusque dans les milieux et les nations qui ont fait du matérialisme leur évangile, et de l'athéisme leur foi, partout se manifeste un grand besoin de spiritualité ; partout des jeunesses angoissées sont en quête de valeurs suprêmes. Et voilà le moment que choisit l'Église, à travers une partie de son clergé, pour marcher au plus ras de terre, prodiguer ses sourires à ses adversaires philosophiques et se comporter en tout comme si elle n'était porteuse que de vérités relatives[1]. » Il s'ensuivit une vaste polémique, dont Druon publia le dossier complet[2]. On y voit de nombreux clercs lui reprocher, à lui dont la foi était pourtant incertaine, ses attentes à leurs yeux excessives ou déplacées à l'égard de l'Église.

L'itinéraire personnel de Maurice Druon est significatif. Né dans un contexte familial difficile – Druon est le nom de son beau-père – qu'il décrit avec pudeur et sensibilité dans le premier volume de ses *Mémoires*[3], le futur académicien reçut une éducation catholique structurante. Sa première communion fut sans doute pour lui un événement particulièrement touchant puisqu'il garda toute sa vie sur son bureau le *memento* du père dominicain qui vint la célébrer et conserva précieusement le missel qui lui fut offert ce jour-là. La vie de ce Cyrano du XXe siècle ne fut pas l'itinéraire d'un enfant de chœur. Aventurier, séducteur, polémiste, il n'est pas considéré comme un écrivain catholique estampillé. En son cœur cependant, durablement marqué par les blessures de l'enfance,

1. Maurice Druon, « Une Église qui se trompe de siècle », *Le Monde*, 7 août 1971.

2. Maurice Druon, *Une Église qui se trompe de siècle. Réponses et commentaires*, Paris, Plon, 1972.

3. Maurice Druon, *Mémoires. L'aurore vient du fond du ciel*, Paris, Plon-de Fallois, 2006.

jamais ne s'est interrompue une quête spirituelle éclectique mais profonde. « Je confesse que [...] je me serais plutôt rapproché d'Épictète et de Marc Aurèle que de saint Paul et de Tertullien », écrit-il dans *Le Monde*. « Je crois au Dieu des poètes », disait-il aussi parfois. Mais, tout au long de sa vie, Druon a viscéralement désiré que l'Église catholique tienne son rang dans la société française et que l'État reconnaisse l'Église pour ce qu'elle est dans notre histoire et notre culture. Il est allé, dans cet esprit, chercher jusqu'à Rome le soutien de Jean-Paul II lui-même pour que le cardinal Lustiger accepte enfin d'entrer à l'Académie française, où, selon son secrétaire perpétuel, l'archevêque de Paris, en raison de son histoire et de sa personnalité, avait une place à assumer. Avec un sens du dialogue que n'exclut pas, au contraire, une relation forte avec l'Église catholique, Maurice Druon a préparé la visite de Jean-Paul II au Maroc et son inoubliable dialogue avec plusieurs milliers de jeunes musulmans au stade de Casablanca. À la toute fin de sa vie, il a appelé son curé : « Mon père, j'ai besoin de vous. » Et l'un de ses derniers gestes, avant de mourir le surlendemain de Pâques, fut d'embrasser des rameaux.

Sans doute certains penseront-ils que cet itinéraire, peut-être significatif du XXe siècle, n'est pas pertinent pour appréhender la situation de l'Église au XXIe. Il me semble au contraire que par son origine familiale déstructurée – et, à certains moments de sa vie, douloureusement déstructurante –, par son éclectisme religieux et philosophique – marqué par une relation forte non seulement avec l'islam mais aussi avec le judaïsme, présent dans ses racines familiales –, par ses aspirations spirituelles souvent cachées dans le tourbillon de la vie, Maurice Druon incarne bien les caractéristiques fondamentales des attentes religieuses de notre temps, avec il est vrai une immense culture en plus. Il fut un homme du parvis : de manière éloquente, les deux places qui portent son nom, aux Artigues-de-Lussac comme à Paris, sont des parvis d'église. Le parvis n'existe comme tel que si l'église est belle, debout et ses portes grandes ouvertes. C'est le lieu de la vie et du mouvement, du jeu des enfants, du marché parfois, des affichages politiques, bref du bouillonnement de la société. C'est aussi celui de l'« attente de Dieu », pour reprendre le titre d'un magnifique ouvrage de la philosophe Simone Weil[1]. Une Église qui se tromperait de siècle, qui se tromperait dans son rapport au siècle comme tel, serait, vis-à-vis des attentes du parvis, une Église fermée ou insignifiante, « la chapelle » ou « l'archipel », une église prisonnière de son siècle, soit par répulsion soit par fascination, ce qui revient au même puisque les deux attitudes dénotent un manque de profondeur et de liberté. Une Église qui se tromperait de siècle serait paradoxalement une Église sécularisée.

Parmi les dogmes médiatico-sociologiques indiscutables auxquels chacun est tenu de se conformer et que même les catholiques finissent par intérioriser, il y a l'affirmation catégorique qu'aujourd'hui « les églises sont vides ». Il ne s'agit pas de nier que beau-

1. Simone Weil, *Attente de Dieu*, Paris, Éditions du Vieux Colombier, 1950.

coup d'églises françaises sont fermées le dimanche, en particulier dans certaines zones rurales, par manque de prêtres voire de fidèles. Si l'exode rural de l'après-guerre n'y est pas pour rien – le cardinal Lustiger estimait que le poids de cette « seconde révolution française[1] » n'était pas suffisamment pris au sérieux –, il serait déraisonnable, je l'ai déjà souligné, de ne pas reconnaître une large et profonde déchristianisation de la société française. Mais il ne serait pas moins faux d'oublier que la vitalité catholique, en France comme ailleurs, a connu bien des fluctuations. Nous sommes souvent prisonniers d'un référentiel – le catholicisme rural de 1850 à 1950 – qui n'est pas représentatif de toute notre histoire religieuse. Le merveilleux film *Monsieur Vincent*[2], avec Pierre Fresnay dans le rôle-titre, s'ouvre sur l'arrivée du futur saint Vincent de Paul à Châtillon-sur-Chalaronne au début du règne de Louis XIII. La première personne à laquelle il se présente doute qu'il soit effectivement le nouveau curé et lui lance : « Il n'y a plus de curé nulle part, il n'y a plus de bon Dieu ! » Nous sommes pourtant au seuil du « siècle des âmes », une des époques les plus florissantes de l'histoire religieuse de notre pays. Par ailleurs, il faut le dire avec force, beaucoup d'églises en France sont aujourd'hui loin d'être vides. Dans certaines paroisses de grandes villes, malgré la multiplication des messes dominicales, il faut même arriver en avance pour trouver une

1. Henri Mendras, *La Seconde Révolution française. 1965-1984*, Paris, Gallimard, 1988.
2. Maurice Cloche, *Monsieur Vincent*, 1947.

place assise. Au moment des grandes fêtes, de Noël en particulier, beaucoup d'églises débordent de fidèles ou de moins fidèles qui, en tout cas, n'imaginent pas un instant faire comme si de rien n'était le 24 décembre au soir ou en rester à une simple célébration familiale sécularisée.

La première question est peut-être moins celle du niveau de remplissage des églises que le fait qu'elles soient ouvertes, habitées et accueillantes. Quelques mois avant son élection pontificale, le pape François faisait l'éloge tonifiant d'une « Église aux portes ouvertes[1] ». Je me souviens, par contraste, d'une réunion de parlementaires au sujet de l'avenir des lieux de culte dans les communes rurales, souvent sous-employés et lourds à entretenir. Face à un ecclésiastique malheureusement défaitiste, les élus présents ont parlé des dispositifs innovants permettant de financer des restaurations et surtout insisté sur la place décisive des églises dans leurs villages, véritables pôles d'identification pour tous les habitants, quelles que soient leurs confessions voire leur absence de confession. Dans son *Vie d'une famille juive*[2], Edith Stein, féministe, assistante de Husserl, le père de la phénoménologie, devenue carmélite à Cologne, morte en déportation et canonisée sous son nom de religieuse Thérèse-Bénédicte de la Croix, raconte, en phénoménologue, son cheminement progressif vers la foi catholique. Une étape significative en est fournie

1. Jorge María Bergoglio-pape François, *Seul l'amour nous sauvera*, *op. cit.*, p. 99.

2. Edith Stein, *Vie d'une famille juive 1891-1942*, Paris, Ad Solem-Cerf, 2001.

par deux femmes en prière dans une église par ailleurs vide : Edith Stein est touchée en profondeur par la présence divine que manifeste la ferveur modeste de ces croyantes ordinaires. Sur le mode plus polémique qui est le sien, Maurice Clavel reproche aux prêtres des années 1970 d'avoir déserté le lieu non pas exclusif mais fondateur de leur mission sacerdotale : « Tout le malheur de votre condition, mes bien chers pères, et par conséquent le nôtre, ce fut que vous ne pûtes rester seuls à prier entre les quatre murs d'une église. Vous avez esquivé le combat de l'esprit pour une paix précipitée avec la Terre[1] ! »

L'expression « paix précipitée avec la Terre » est suggestive. L'Église n'a pas à cultiver la guerre avec son siècle mais elle doit accepter un certain décalage avec lui en vue de lui offrir la paix véritable, celle qui ne vient pas d'elle-même, comme organisation humaine, mais de Dieu. « Je vous donne ma paix », dit Jésus qui ajoute : « Ce n'est pas à la manière du monde que je vous la donne[2] ». L'Église, comme le Christ, doit accepter, par amour même du monde et du temps, d'y constituer un « signe de contradiction[3] ». C'est le thème de la retraite vigoureuse que le futur Jean-Paul II prêcha au Vatican quelques mois avant son élection au siège de Pierre[4]. Il est dans la nature du christianisme de « faire scandale », pour

1. Maurice Clavel, *Dieu est Dieu, nom de Dieu !*, *op. cit.*, p. 28.
2. Jean 14, 27.
3. Luc 2, 34.
4. Karol Wojtyla-Jean-Paul II, *Le Signe de contradiction. Retraite au Vatican*, Paris, Fayard, « Communio », 1979.

reprendre le titre d'un bel essai du journaliste Jean-Pierre Denis[1]. C'est Jésus lui-même qui a établi les coordonnées de cette situation paradoxale des chrétiens dans la cité : « dans le monde sans être du monde[2] », pleinement, délibérément et joyeusement insérés dans l'humanité commune mais sans s'enfermer dans la logique immédiate et par définition superficielle, de la « mondanité », au sens premier du terme. Un chrétien anonyme de la fin du IIe siècle l'a parfaitement saisi et formulé dans sa *Lettre à Diognète* : « Les chrétiens ne se distinguent des autres hommes ni par le pays, ni par le langage, ni par les vêtements. Ils n'habitent pas de villes qui leur soient propres, ils ne se servent pas de quelque dialecte extraordinaire [...] Ils résident chacun dans sa propre patrie, mais comme des étrangers domiciliés. [...]. Toute terre étrangère leur est une patrie et toute patrie leur est une terre étrangère. Ils se marient comme tout le monde, ils ont des enfants, mais ils n'abandonnent pas leurs nouveau-nés[3]. » Ce que Clavel reprend à sa manière d'imprécateur : « Vous n'êtes pas allés [au monde], vous vous êtes rendus à lui ! Vous vous êtes mis à la page au lieu de l'écrire ! Vous vous êtes remis à jour au lieu de nous éclairer ! Vous avez confondu le moderne et la mode ! Vous n'avez vu et attrapé du monde que de nouvelles mondanités[4]. »

1. Jean-Pierre Denis, *Pourquoi le christianisme fait scandale*, Paris, Seuil, 2010.
2. Jean 17, 14-18.
3. *À Diognète*, Paris, Cerf, « Sources chrétiennes » 33 bis, § V, 2005.
4. Maurice Clavel, *Dieu est Dieu, nom de Dieu !*, p. 29.

Ainsi l'Église est-elle à la fois menacée par la « mondanité » – c'est l'un des thèmes récurrents des premières interventions pontificales du pape François[1] – et la fermeture au monde dont Jésus proclame que « Dieu [l'] a tant aimé qu'il lui a envoyé son propre Fils[2] ». C'est d'ailleurs la devise épiscopale du cardinal Vingt-Trois : « Dieu a tant aimé le monde. » Pour le dire positivement, l'Église est appelée à être séculière – c'est le bel adjectif qui qualifie par exemple les prêtres de paroisse, les prêtres « séculiers » – mais pas sécularisée. La tentation permanente, à laquelle les chrétiens sont loin de toujours résister, est de se mettre dans la situation inverse, d'être « du monde », c'est-à-dire aussi prisonniers des peurs et des calculs, des petites ambitions et des grandes mesquineries que le reste de la société, sans être « dans le monde », c'est-à-dire, pour citer le concile Vatican II, à l'écoute véritable « des joies et des espoirs, des tristesses et des angoisses des hommes de ce temps, les pauvres surtout[3] ». Dans l'Évangile selon saint Jean, le mot « monde » a souvent une connotation péjorative, car il désigne la réalité humaine et historique enfermée en elle-même, coupée de ses racines et de ses perspectives, limitée à ses manifestations superficielles. « Le péché nous fait vivre à la surface de nous-mêmes », écrit Bernanos dans cet esprit. Quand le pape François dénonce la « mondanité », il ne réprouve pas d'abord

1. Jorge María Bergoglio-pape François, *Seul l'amour nous sauvera*, *op. cit.*, p. 14.

2. Jean 3, 16.

3. Concile Vatican II, *Gaudium et spes. Constitution sur l'Église dans le monde de ce temps*, § 1.

ou seulement l'abus des cocktails et des dîners en ville, tellement à distance de son expérience personnelle, mais beaucoup plus largement le défaut littéralement mortifère de profondeur et de liberté, de liberté par la profondeur. Pour autant, l'Église doit avoir les « portes ouvertes, non seulement pour recevoir, mais surtout pour partir et remplir d'évangile la rue et la vie des hommes de notre temps[1] ».

S'il règne parfois dans certains milieux ecclésiaux une odeur de renfermé, c'est précisément parce qu'ils sont « du monde » sans être « dans le monde », « sécularisés » sans être « séculiers » : les grands enjeux du monde et de la grâce sont négligés alors que les petites « mondanités » sont soigneusement ressassées. Un certain langage ecclésiastique peut parfois sembler ésotérique pour les non-initiés. Tout y est toujours « au cœur » de ceci ou de cela, « en lien » avec tel ou tel projet « porté » par telle ou telle « instance ». Le cardinal Lustiger, violemment rétif à ce sabir, dressait rudement ses collaborateurs à ne jamais l'employer. Il voyait bien qu'au-delà de la question du langage lui-même, de son opacité et de sa médiocrité, était en jeu la capacité de relation avec le meilleur du monde. En s'enfermant eux-mêmes, comme les disciples avant la Pentecôte[2], par peur défaitiste d'un présent où pourtant Dieu agit et se donne, certains chrétiens sont les auteurs de leur propre isolement. Sécularisés de l'intérieur, ils ont en fait rompu avec le

---

1. Jorge María Bergoglio-pape François, *Seul l'amour nous sauvera*, *op. cit.*, p. 99.
2. Jean 20, 19.

siècle. Aveuglés par leur propre sécularisation, qui leur donne l'illusion d'être en prise avec le siècle, ils ne voient pas que le siècle réel a soif d'une nourriture spirituelle qu'ils n'osent plus lui donner parce qu'ils ont cessé d'en vivre. Cet enfermement dénote une fragilisation de la foi qui est le drame essentiel du catholicisme défaitiste. Comme l'écrivait le cardinal Daniélou dès 1968, « il est clair qu'un christianisme, affaibli dans son dogme, amolli dans sa morale, ne sera pas susceptible de jouer un rôle créateur dans le monde qui se cherche. Ce ne sont pas les attaques du dehors, ce sont les abandons du dedans qui constituent aujourd'hui le grand danger pour l'avenir de la foi[1] ».

Le problème n'est donc pas que l'Église se trompe de siècle mais bien plutôt qu'elle se laisse tromper par la part d'ombre de ce siècle tout en n'accueillant pas assez sa part de lumière. Notre époque, en France en particulier, est stérilisée par la peur, et l'inflation juridique et réglementaire qu'elle engendre. « C'est à cause des scribouillards qu'on a perdu la guerre », disait déjà le comte incarné par Maurice Ronet au début de *La Ligne de démarcation*, le beau film de Claude Chabrol réalisé d'après les souvenirs du colonel Rémy[2]. Tous ceux qui trouvent en eux-mêmes l'énergie d'entreprendre savent quels labyrinthes proprement kafkaïens il leur faudra traverser s'ils veulent aller au bout de leurs projets[3]. De ce point de vue, l'organisation catholique française s'aligne parfois

1. Jean Daniélou, *Tests*, Paris, Beauchesne, 1968, p. 5.
2. Claude Chabrol, *La Ligne de démarcation*, 1966.
3. Voir, par exemple, Guillaume Poitrinal, *Plus vite ! La France malade de son temps*, Paris, Grasset & Fasquelle, 2012.

sur celle de la cité. Combien de demandes de baptême, pour des nourrissons, de jeunes enfants, ou des adultes ont achoppé sur les raideurs de l'administration cléricale ! Ne connaissant pas ses règles de fonctionnement, souvent obscures et désuètes, parents et chercheurs de Dieu se voient reprocher de ne pas avoir frappé à la bonne porte ou au bon moment, de ne pas être disponibles pour telle réunion, de ne pas comprendre les mots qu'on leur adresse. Parler d'emblée de « catéchuménat » à un non-initié – « katékuména », quelle surprenante onomatopée ! –, c'est évidemment le condamner à se sentir incompris. Comme j'aime, par contraste, l'apostrophe rafraîchissante du très charismatique curé des Réformés à Marseille : « Baptise à tour de bras et de cœur. Jamais le Christ ne te reprochera un tel geste de salut[1] ! » Un récit du cardinal Lustiger m'a définitivement libéré de tout scrupule dans ce domaine. Un dimanche soir à Notre-Dame, une personnalité bien connue du monde de la culture s'avance au moment de la communion : « Mais vous n'êtes pas baptisée ! s'étonne le cardinal ; — Je souhaite recevoir le baptême », lui répond-elle aussitôt ; le baptême fut célébré dans la semaine. Voilà qui répond d'avance à la supplique du père Zanotti-Sorkine : « Quand donc les évêques permettront-ils à chaque prêtre de baptiser un adulte quand il le jugera bon ? Un peu d'eau sur le front, ce n'est pas la mer à boire[2]. »

1. Michel-Marie Zanotti-Sorkine, *Au diable la tiédeur. Suivi d'un petit traité de l'essentiel*, Paris, Robert Laffont, 2012, p. 85.
2. *Ibid.*, p. 84.

Il ne s'agit pas pour moi de plaider en faveur de sacrements au rabais. Il est au contraire très important, aujourd'hui plus que jamais, de répondre aux demandes sacramentelles par des propositions de formation authentiquement nourrissantes. Dans certaines circonstances, le devoir de vérité peut conduire à reporter, voire à décourager, telle ou telle célébration, par exemple un mariage manifestement appréhendé à la légère. Mais le premier mot de l'Église doit toujours être, à l'image du Christ, celui de l'accueil bienveillant. Le souci contemporain de l'évangélisation conduit à juste titre à s'intéresser plus vivement que naguère à ceux qui n'attendent rien de l'Église mais il ne doit pas dissuader d'améliorer – c'est une urgence – l'accueil de ceux qui, avec toutes sortes de motivations, continuent ou recommencent à frapper à sa porte. Leur opposer d'emblée les complications de règles de fonctionnement paroissiales ou diocésaines, même légitimes, c'est se comporter, selon les mots sévères du pape François, en néo-pharisiens : « Ce sont les hypocrites d'aujourd'hui. Ceux qui ont cléricalisé l'Église. Ceux qui éloignent le salut du peuple de Dieu[1]. »

Il y a sans doute dans l'inflation réglementaire ecclésiale et républicaine française une origine spirituelle commune : le jansénisme. Ce phénomène historique, spirituel et politique, est complexe. La plupart de nos concitoyens n'en entendent parler qu'en étudiant Pascal. Les professeurs glissent en général assez vite sur l'explication théologique avant d'initier aux

1. Jorge María Bergoglio-pape François, *Seul l'amour nous sauvera*, *op. cit.*, p. 137.

plus beaux passages des *Pensées*. Et les lycéens de se demander pourquoi un si grand génie littéraire et philosophique serait coupable d'hérésie. Même si Pascal a été marqué par Port-Royal, son génie est en effet bien plus grand que son jansénisme, tout comme celui de Racine. Il y a, par ailleurs, dans l'aventure intellectuelle et spirituelle de Port-Royal, beaucoup de profondeur, bien qu'elle achoppe sur l'orgueil comme l'a magnifiquement mis en lumière Montherlant[1]. Reste qu'une sorte de pessimisme sur le cœur humain, perçu par le jansénisme ordinaire d'abord, voire exclusivement comme pécheur, grève depuis des siècles le catholicisme et plus largement l'esprit français. On peut dire qu'il existe une véritable pathologie janséniste du catholicisme français, qui déteint sur toute la société. Une partie de ceux qui ont pensé rejeter la foi de leur enfance autour de mai 1968 ont en fait voulu repousser cet esprit janséniste maléfique. Mais, amer paradoxe, puisque le diagnostic spirituel était insuffisant, ils ont en dépit d'eux-mêmes laissé tomber le catholicisme, toujours ultimement libérateur, et gardé un jansénisme qui n'est que plus néfaste une fois sécularisé. L'exemple le plus tristement parlant est celui de l'Éducation nationale : les plus anticléricaux et progressistes des enseignants français, à la différence des éducateurs anglo-saxons, n'en finissent pas de pratiquer une pédagogie toujours d'abord sévèrement critique et souvent peu à peu décourageante.

---

1. Henry de Montherlant, *Port-Royal*, Paris, Gallimard, « Folio », 1972.

Aujourd'hui encore, en France et dans le catholicisme français, on tend à se méfier de la liberté. Aussi surprenant que cela puisse paraître, des réflexions d'Edouard Balladur sur l'économie sonnent comme un véritable diagnostic spirituel : « Que de forces jouent contre la liberté ! [...] Le modèle [de la classe intellectuelle] demeure encore et toujours, quelque costume qu'il revête, le despotisme éclairé. Privilégier la liberté, c'est avoir confiance en l'homme, c'est-à-dire admettre l'imprévisible. Les intellectuels aiment planifier, gouverner l'avenir, ils redoutent d'être pris de court ; les hommes de pouvoir aussi[1]. » On n'aime pas assez les initiatives dans le catholicisme français. Leurs auteurs sont facilement suspectés d'avoir des motivations peccamineuses, de chercher surtout à se faire valoir. Il va de soi que tout responsable doit faire preuve de discernement et que les meilleures intentions peuvent dériver et gagnent au moins toujours à se purifier. Mais quel dommage, et quelle perte pour le discernement lui-même, de ne pas commencer par accueillir avec bienveillance ! « *Non intratur in veritatem nisi per caritatem* », « on n'entre dans la vérité que par la charité », disait saint Augustin. Peut-on rêver qu'une prise de conscience de cette peur chronique de l'authentique liberté dégage le catholicisme français du frein janséniste qui alourdit si sévèrement sa marche ?

Une des conséquences du staphylocoque janséniste réside dans le défaut d'humanité du fonctionnement

1. Edouard Balladur, *La liberté a-t-elle un avenir ?*, Paris, Fayard, 2012, p. 147-148.

ecclésial. « Puisque la dimension humaine est suspecte, ne lui donnons pas trop d'espace », se disent, inconsciemment le plus souvent, certains responsables. À l'inverse, les grands renouveaux de la foi chrétienne à travers l'histoire, en France comme ailleurs, proviennent toujours d'une prise au sérieux enthousiaste de l'humanité : celle de Jésus d'abord puis, dans sa lumière, l'humanité en général. Il suffit de citer sur ce point saint Bernard, saint François d'Assise, sainte Marguerite-Marie et la spiritualité du Sacré-Cœur, véritable et providentiel antidote au jansénisme, ou encore sainte Thérèse de Lisieux. Mais dès que faiblit la flamme de ces renouveaux, il peut régner parmi les catholiques français un climat de dureté, voire d'indélicatesse, qui n'honore pas la consigne de Jésus : « C'est à l'amour que vous aurez les uns pour les autres qu'on vous reconnaîtra pour mes disciples[1]. » Quel contraste merveilleux, et thérapeutique du coup, dans l'homélie d'intronisation du pape François ! « Nous ne devons pas avoir peur de la bonté, et même pas non plus de la tendresse ! [...] Dans les Évangiles, saint Joseph apparaît comme un homme fort, courageux, travailleur, mais dans son âme émerge une grande tendresse, qui n'est pas la vertu du faible, mais, au contraire, dénote une force d'âme et une capacité d'attention, de compassion, de vraie ouverture à l'autre, d'amour. Nous ne devons pas avoir peur de la bonté, de la tendresse[2] ! »

1. Jean 13, 35.
2. Pape François, homélie du 19 mars 2013.

Ce défaut de bonté, de tendre force d'âme, a de multiples conséquences. On s'alarme, par exemple et bien sûr à juste titre, du manque croissant de prêtres dans notre pays. Mais le problème essentiel me semble aujourd'hui – y compris en vue de leur recrutement – moins leur trop petit nombre que leur fréquente démotivation humaine et spirituelle, leur défaut d'enthousiasme, la manière dont ils sont stimulés, ou plutôt ne sont pas suffisamment stimulés, dans leurs itinéraires sacerdotaux. Alors que les techniques de gestion des ressources humaines ont beaucoup progressé – ce qui n'empêche pas, j'en ai conscience, la persistance de bien des duretés dans le monde professionnel –, certaines nominations de prêtres sont parfois décidées sur un coin de table, sans perspective à plus long terme, sans chercher suffisamment à valoriser, au service de tous, les dons humains et spirituels de chacun. Un certain manque d'humilité de l'institution, me semble-t-il, la conduit à négliger ce bienfait du siècle que constitue l'évolution des techniques de management, qui paradoxalement d'ailleurs se sont elles-mêmes nourries du savoir-faire des règles monastiques[1]. Ce qui est vrai pour les nominations des prêtres l'est également de leur formation : alors qu'une part importante de leur mission consiste à prendre la parole, rassembler des énergies pour mettre en œuvre des projets, entrer en relation avec des personnes très variées et parfois fragiles, les prêtres sont

1. Voir par exemple François-Daniel Migeon, *Invitation au leadership authentique. Développez un style de management personnel, efficace et durable*, Paris, Eyrolles, 2013.

peu formés à l'exercice concret de ces responsabilités. Si la formation spirituelle et théologique doit demeurer première, l'humilité que nourrissent précisément la spiritualité et la théologie devrait conduire à ne pas négliger les conditions pratiques d'une véritable charité chrétienne et pastorale. Depuis quelques années, des fidèles laïcs, professionnellement rompus à ces techniques, tentent de faire progresser les pratiques. C'est une évolution prometteuse et salutaire.

On pourrait faire un diagnostic analogue à propos de la communication. Beaucoup de progrès ont été accomplis dans ce domaine : communication locale au niveau de chaque diocèse, radios, télévision, sites internet, réseaux sociaux dédiés à la diffusion de la foi et des repères chrétiens sont très souvent actifs et performants. Certains grands événements de la vie de l'Église ont permis une collaboration respectueuse et féconde avec les médias. Pensons aux Journées mondiales de la jeunesse en 1997 et au voyage de Benoît XVI à Paris et Lourdes en 2008. La préparation des retransmissions télévisées, les échanges avec la presse en amont de l'événement, la formation de porte-parole spécialisés en fonction des thématiques identifiées comme susceptibles de retenir l'attention des médias, le travail sur les supports de communication et bien d'autres efforts ont porté des fruits réellement positifs. Pourquoi alors un malaise semble-t-il persister ? Il y a bien sûr ce décalage, cette contradiction voire ce « scandale » congénital et positif de l'Évangile par rapport aux attentes immédiates du monde. Mais il y a aussi sans doute les conséquences malheureuses du syndrome janséniste et d'un certain manque d'humble et bienveillante considération pour la part d'humanité incarnée par les enjeux de communication. On dénigrera la nature trop affective et instantanée de la communication audiovisuelle : mais l'affectivité et l'instantanéité, si elles peuvent être restrictives, sont aussi des dimensions positives de l'existence humaine et spirituelle, que la saveur de l'Évangile et la pertinence de la grâce peuvent bel et bien rejoindre. On reprochera leurs *a priori* à bien des journalistes : mais quel temps donne-t-on à des rencontres personnelles avec eux, profondes, gratuites, ouvertes à tous les débats ? En voyant le soin avec lequel certains politiques, pourtant surhabitués à l'exercice, préparent leurs interventions télévisées – anticipant les probables questions, forgeant des « éléments de langage », peaufinant des formules synthétiques bien frappées –, je me suis souvent demandé si les intervenants catholiques travaillaient assez en amont de leurs prises de parole. Mais l'essentiel, qui est de l'ordre de la conversion, est d'aimer la communication – et non d'en avoir peur – comme réalité humaine positive potentiellement transfigurée par la richesse multiforme de l'Évangile.

Le rapport à l'affectivité joue un rôle important dans une relation juste avec l'humanité. Trop souvent, le catholicisme français s'en méfie, au risque de devenir unilatéralement cérébral. C'est un des enjeux des débats liturgiques qui empoisonnent parfois l'atmosphère ecclésiale et déconcertent les croyants incertains. Le fait que Coluche lui-même, totalement improbable sur ce chapitre, y ait dédié quelques instants d'un sketch n'est pas, me semble-t-il, anodin : «Les catholiques, avant, ils se battaient avec les protestants, on disait : "Tiens, ça les promène!" Ils se bourrent la gueule entre eux maintenant, pour savoir dans quelle langue ils vont dire la messe! Qu'est-ce qu'on en a à f... qu'ils lisent la messe dans n'importe quelle langue. Ils z'ont qu'à faire deux séances!» C'est avec une poésie plus élaborée mais pas moins incisive que Brassens compose sa fameuse «Tempête dans un bénitier» : «Ils ne savent pas ce qu'ils perdent / Tous ces fichus calotins / Sans le latin, sans le latin / La messe nous emm... / À la fête liturgique / Plus de grand's pompes, soudain / Sans le latin, sans le latin / Plus de mystère magique / Le rite qui nous envoûte / S'avère alors anodin / Sans le latin, sans le latin / Et les fidèles s'en f... / Ô très Sainte Marie mèr'de / Dieu, dites à ces putains / De moines qu'ils nous emm... / Sans le latin.» Cette diatribe goguenarde, de la part d'un barde anticlérical mais sensible, devrait aujourd'hui encore faire réfléchir, non pour rétablir une liturgie exclusivement latine mais pour saisir le désir de beauté et de ferveur qui s'exprime sur un mode apparemment sarcastique.

«Sans le latin plus de mystère magique», chante Brassens. Ce simple aphorisme suffirait à le discréditer aux yeux de ceux qui considèrent le désir de sacré comme incompatible avec l'authentique esprit chrétien. Le sacré serait exclusivement païen; la sainteté offerte par l'Évangile appartiendrait à un ordre foncièrement différent. C'est une des réponses qu'on apporta à la diatribe de Druon et à laquelle il riposta vivement : « Je souhaiterais, avant qu'on condamnât en bloc les apports païens, la "religiosité" païenne, qu'on relût chez l'esclave Épictète ce qu'il écrit de la "reconnaissance envers Dieu" et de la "pureté de l'âme" ; je souhaiterais que l'on regardât chez l'empereur Marc Aurèle ce qui a trait à la "Providence divine", et aussi à la fraternité avec le pécheur, parce que celui-ci a "une part de divinité"[1]. » Et le cardinal Daniélou de préciser avec la science qui était la sienne : « Le sacré contre lequel les prophètes ont lutté est la sacralisation indue de la nature et du pouvoir qui s'appelle l'idolâtrie. Non pas le sacré qui s'exprime dans la religion en tant que telle, cette âme païenne dont a si bien parlé Péguy et qui exprime une dimension constitutive de l'homme[2]. » On n'en finit pas, aujourd'hui encore, d'opposer la sainteté et le sacré, sans voir que la sainteté n'est pas indépendante du sacré mais doit l'assumer, que dénigrer le sacré, c'est fermer l'accès à la sainteté, que désacraliser, c'est déshumaniser.

Marcel Gauchet a présenté le christianisme, de manière éclairante, comme « religion de la sortie de la religion[3] » : il désigne ainsi la rupture du christianisme avec un modèle religieux totalisant, régissant toutes les réalités temporelles, l'ordre politique en particulier. Cette formule pertinente est souvent

---

1. Maurice Druon, *Une Église qui se trompe de siècle*, *op. cit.*, p. 17.

2. Jean Daniélou, « Crise de l'Église et crise de la civilisation », *Le Monde*, 28 août 1971.

3. Marcel Gauchet, *Le Désenchantement du monde*, Paris, Gallimard, Folio essais », 1985, p. 197-208.

surinterprétée : le christianisme authentique coïnciderait nécessairement avec le dépassement de toute expression religieuse sensible. Il y a là une lecture faussée et forcée de Gauchet, en référence peut-être à la distinction, chez le grand théologien protestant Karl Barth, entre la « foi » et la « religion » : la « foi » authentique serait dépassement, sortie de la « religion » sensible et sortie du sacré. Ces raccourcis idéologiques ne respectent ni Barth ni Gauchet, ni surtout la richesse du phénomène humain qui passe par le corps et l'intelligence pour aboutir à l'esprit. Voilà pourquoi Benoît XVI, loin de dénigrer le sacré, a aimé en rappeler la juste et féconde situation : « Le centre du culte n'est plus désormais dans les rites et dans les sacrifices anciens mais dans le Christ lui-même, dans sa personne, dans sa vie, dans son mystère pascal. Et cependant, on ne doit pas déduire de cette nouveauté fondamentale que le sacré n'existe plus, mais qu'il a trouvé son accomplissement en Jésus-Christ, Amour divin incarné. [...] Il n'a pas aboli le sacré, mais il l'a porté à son accomplissement, en inaugurant un culte nouveau, qui est pleinement spirituel, mais qui cependant, tant que nous sommes en chemin dans le temps, se sert encore de signes et de rites, qui disparaîtront seulement à la fin, dans la Jérusalem céleste, là où il n'y aura plus aucun temple (Apocalypse 21, 22)[1]. »

Aujourd'hui comme hier, il est indispensable que l'Église aime la dimension sensible de la liturgie pour rejoindre la belle humanité de nos contemporains.

1. Benoît XVI, homélie du 7 juin 2012.

L'évocation de l'« office des ténèbres » du jeudi saint par Jérôme Ferrari en a déjà été pour nous l'attestation. Le récit que le cardinal Lustiger fait de sa « conversion » le manifeste plus fortement encore : c'est une expérience liturgique où les contrastes de « mise en scène », pourrait-on presque dire, constituent le véhicule, l'« aqueduc » aurait suggéré saint Bernard, de la parole de Dieu. Jean-Marie Lustiger a treize ans ; il est, en pleine guerre, réfugié à Orléans ; c'est la semaine sainte mais il n'en sait rien. « Je suis entré un jour dans la cathédrale qui était sur le chemin quotidien du lycée, [...] un jour que je sais être aujourd'hui le jeudi saint. Je me suis arrêté dans le transept sud, où brillait un foisonnement ordonné de fleurs et de lumières. Je suis resté un grand moment saisi. Je ne savais pas pourquoi j'étais là, ni pourquoi les choses se passaient ainsi en moi. J'ignorais la signification de ce que je voyais. Je ne savais pas quelle fête on célébrait, ni ce que les gens faisaient en silence. Je suis rentré dans ma chambre. Je n'ai rien dit à personne. Le lendemain je suis retourné à la cathédrale. Je voulais revoir ce lieu. L'église était vide. Spirituellement vide aussi. J'ai subi l'épreuve de ce vide : je ne savais pas que c'était le vendredi saint – je ne fais que vous décrire la matérialité des choses –, et à ce moment-là j'ai pensé : je veux être baptisé[1]. » J'ai souvent béni prêtres, sacristains et fidèles de la cathédrale d'Orléans d'avoir disposé

1. Jean-Marie Lustiger, *Le Choix de Dieu*. Entretiens avec Jean-Louis Missika et Dominique Wolton, Paris, Le Livre de poche, 2007, p. 56.

avec soin et générosité les fleurs et les lumières du reposoir et d'avoir veillé scrupuleusement au grand dépouillement du jour de la Passion. Chaque année, en célébrant le Triduum pascal, je prie pour que le contraste sensible entre chacune de ses étapes soit à nouveau le canal de conversions particulièrement fécondes pour l'Église et pour le monde.

Un autre travers de la « mondanité » du catholicisme français est son manque d'unité. Druon déplorait en son temps la « pulvérisation latérale » entre « prêtres traditionnels, prêtres modernes, prêtres de choc, prêtres d'avant-garde, prêtres contestataires[1] ». « L'irréductible village gaulois » d'Uderzo et Goscinny sombre souvent dans la bataille générale ; seuls la sagesse de Panoramix, l'indispensable « curé » du village, l'énergie d'Astérix et surtout le danger romain parviennent – toujours laborieusement – à l'en délivrer. Dans ce domaine aussi, c'est notamment le tropisme janséniste de la dureté et du soupçon qui porte des fruits maléfiques, alors même que la vocation de l'Église est précisément de donner, pour elle-même et pour le monde, le témoignage de l'unité. « Faire de l'Église *la maison et l'école de la communion* : tel est le grand défi qui se présente à nous dans le millénaire qui commence, si nous voulons être fidèles au dessein de Dieu et répondre aussi aux attentes profondes du monde, exhortait Jean-Paul II dans les tout premiers jours de l'année 2001. Qu'est-ce que cela signifie concrètement ? Ici aussi le discours pourrait se faire immédiatement opérationnel, mais ce serait une

---

1. Maurice Druon, « Une Église qui se trompe de siècle », *art. cit.*

erreur de s'en tenir à une telle attitude. Avant de programmer des initiatives concrètes, il faut *promouvoir une spiritualité de la communion.* [...] Une spiritualité de la communion est [...] la capacité de voir surtout ce qu'il y a de positif dans l'autre, pour l'accueillir et le valoriser comme un don de Dieu. [...] Ne nous faisons pas d'illusions : sans ce cheminement spirituel, les moyens extérieurs de la communion serviraient à bien peu de chose. Ils deviendraient des façades sans âme, des masques de communion plus que ses expressions et ses chemins de croissance[1]. »

Si le catholicisme français a été et demeure la matrice de bien des initiatives et des renouveaux pour la vitalité de l'Église entière – pensons pour notre époque à des théologiens comme Henri de Lubac, Jean Daniélou ou Louis Bouyer, aux communautés nouvelles comme l'Emmanuel ou l'Arche de Jean Vanier, à ce qu'a pu incarner le cardinal Lustiger en syntonie avec Jean-Paul II –, il est malheureusement aussi la source de certaines divisions malfaisantes du catholicisme contemporain : travestissement de l'Évangile en vulgate marxiste ou crispation réactionnaire pouvant mener au schisme. La caractéristique de ces germes mortifères est précisément qu'ils transforment, qu'ils déforment, des idéaux mystiques en idéologies politiques. Péguy pensait-il aussi au jansénisme lorsqu'il écrivait : « Tout commence en mystique et finit en politique[2] ? » Toujours est-il que la

1. Jean-Paul II, Lettre apostolique *Novo millenio ineunte*, 6 janvier 2001, § 43.
2. Charles Péguy, *Notre jeunesse*, *op. cit.*, p. 115.

mystique de Port-Royal s'est rapidement dévaluée en idéologie politique, au point d'ailleurs de contribuer au déclenchement de la Révolution. L'incapacité à « valoriser [ce qu'il y a de positif dans l'autre] comme un don de Dieu », pour parler comme Jean-Paul II, grevait d'emblée la par ailleurs réelle ferveur des jansénistes, tout comme elle continue à peser sur la vitalité de l'Église en France.

Le jansénisme et ses avatars contemporains n'étant cependant ni le premier ni le dernier mot du catholicisme, le désir et la capacité d'unité l'emportent en fait aujourd'hui sur les germes de division. Il y a actuellement chez les catholiques en France plus d'aspiration et de disposition à l'unité qu'une analyse seulement politique – la plus habituelle – ne le suggérerait. Les temps sont spirituellement si durs que la plupart des croyants cherchent avant tout des nourritures spirituelles solides sans se soucier d'abord des « partis » auxquels seraient censés se rattacher ceux qui les leur offrent. La variété et la convergence – laborieuse mais réelle – des catholiques impliqués, avec d'autres, dans les « manifs pour tous » en est un signe. Les foules de jeunes et de familles qui se succèdent chaque été, depuis près de quarante ans, aux sessions de Paray-le-Monial, celles qui pérégrinent vers Chartres ou Lourdes sous différentes bannières, ceux qui prennent part aux États généraux du christianisme organisés par *La Vie* ou aux Semaines sociales, ceux qui fréquentent des lieux de formation de fondation ancienne ou récente, leurs paroisses ou des communautés nouvelles, des monastères et des centres spirituels à la liturgie en français ou en latin, ne sont pas fondamentalement différents les uns des autres. Ils ont besoin d'être nourris et accueillis tels qu'ils sont, ce qui demande de la part des clercs sans doute plus de souplesse qu'autrefois : il faut souvent être capable de recevoir, dans la même journée et avec la même bienveillance, ceux qui sont immédiatement plus sensibles à Paul Eluard ou à Khalil Gibran qu'à l'Écriture sainte et ceux qui ne parviennent à prier que dans la forme ancienne de la liturgie. Cette exigence de souplesse est en fait une bonne nouvelle : la « première prieure » des *Dialogues des carmélites* ne fait-elle pas l'éloge de la souplesse comme voie royale vers la sainteté[1] ? Il serait dommage et contre-productif qu'à cette quête composite d'unité par la profondeur, on réponde de manière en fait politique, par mode de caporalisation, en visant une unité immédiate de façade, ce que Jean-Paul II appelait des « masques de communion ». Dieu nous garde de mettre plus de zèle à lutter contre les désordres apparents qu'à servir en profondeur « l'ordre de la charité » !

Il serait inconséquent, dans cette revue des insuffisances du catholicisme contemporain, de passer sous silence le drame de la pédophilie. Si la France a été moins touchée par ces crimes épouvantables que d'autres pays – les États-Unis, l'Irlande et l'Allemagne en particulier –, ils n'en ont pas moins ébranlé l'opinion, croyante ou non. Il est fréquent d'incriminer à ce sujet le célibat sacerdotal, considéré comme signe ou germe de déséquilibre et, à tout le moins, culturel-

1. Cf. Georges Bernanos, *Dialogues des carmélites. Œuvres romanesques*, *op. cit.*, p. 1601.

lement dépassé. C'est oublier que la plupart des actes de pédophilie sont commis par des personnes mariées ou en couple, notamment dans le cadre familial. C'est par ailleurs ne pas comprendre que le célibat a toujours été « contre-culturel » et même beaucoup plus dans le monde juif du Ier siècle qu'aujourd'hui. Reste que la formation des futurs prêtres doit être très attentive à l'équilibre affectif des candidats, ce qui d'ailleurs me semble vraiment être le cas aujourd'hui. Les drames de la pédophilie s'inscrivent en fait dans le contexte plus large d'une survalorisation, voire d'une obsession contemporaine de la sexualité ou plus précisément de la génitalité. Les magistrats savent à quel point les tribunaux croulent sous les dossiers de crimes sexuels. Il y a là une blessure de la société qui, sans être totalement nouvelle dans l'histoire, constitue une donnée significative – et pourtant souvent tue – de notre époque. Comment l'expliquer ? Par un défaut sans doute de prise en considération de la personne humaine dans sa globalité. Une certaine méfiance catholique ou pseudo-catholique à l'égard du corps a pu conduire à des refoulements dramatiquement contre-productifs. Mais une réduction de l'individu à ses organes sexuels ne fait pas moins violence à l'équilibre de la personne en tant que telle, qui peine à s'épanouir sans un minimum d'accès à sa propre profondeur. Faut-il rappeler de plus qu'une partie de la pensée libertaire a pu justifier, et justifie parfois encore, les pratiques sexuelles les plus choquantes ? Si l'Église doit continuer de veiller à ne pas se laisser infecter par le venin terrible des crimes sexuels – un des poisons du siècle –, elle doit aussi contribuer de façon positive à un ré-apprivoisement de la sexualité par l'humanité contemporaine.

Il est saisissant de constater plus largement à quel point, même dans ses comportements les plus « contre-évangéliques », notre société en appelle aux trésors salutaires de la foi catholique. S'il y a aujourd'hui un consensus critique à l'égard de la téléréalité, persiste, en même temps, un engouement pour le voyeurisme qu'elle encourage. Comme les tricoteuses de la Révolution se délectaient du sang de la guillotine, des téléspectateurs en masse remplissent les escarcelles des producteurs en se repaissant des conflits, des mensonges et des vulgarités de « candidats » acculés à exhiber le pire d'eux-mêmes. Le recours des auteurs de ces jeux du cirque médiatique aux mots mêmes employés par Orwell dans son utopie désespérée – « Big Brother », « la voix » – devrait pourtant sonner comme une véritable alerte. Parmi les « concepts » organisateurs de ces spectacles objectivement dégradants, il y a le « confessionnal », référence parodique, et sans doute incompréhensible pour le plus grand nombre, à la célébration catholique du pardon de Dieu. C'est saint Charles Borromée, l'immense évêque de Milan à la fin du XVIe siècle, qui conçut ces meubles – ils flanquent les murs de nos églises même s'ils sont trop souvent délaissés et poussiéreux – pour garantir la discrétion des pénitents et favoriser l'écoute des prêtres. Le « confessionnal » cathodique est évidemment l'inverse, la caricature mensongère, du confessionnal catholique ; à la confidence est substitué l'étalage, à l'ouverture du cœur en vérité la manœuvre destinée à gagner le vote des téléspectateurs. Mais quoi qu'il en soit, le fait même de parler de « confessionnal » évoque, fût-ce sur le mode d'un acte manqué, une soif de vérité et de miséricorde. Il en va de même pour les « confessions » ou pseudo-confessions télévisuelles d'hommes publics incriminés. Ces derniers – on l'a souligné à loisir pour Bill Clinton et ses épigones français – ne reconnaissent leurs forfaits que superficiellement, dans le cadre d'une mise en scène où les journalistes eux-mêmes acceptent de n'être plus que les acteurs d'une tragi-comédie médiatique. Reste que le besoin de se libérer d'un poids moral, même s'il prend une forme pour le moins ambiguë, exprime une étonnante et indestructible espérance de pardon.

Ainsi le siècle lui-même, jusque dans ses aspects les plus sombres ou dérisoires, invite-t-il les chrétiens à ne pas brader les trésors séculaires de la foi et de ses modes de célébration. Au concile Vatican II, un évêque français, défaitiste à nouveau, prit la parole pour demander que la date de Pâques soit déterminée une fois pour toutes : « Qu'elle soit à jour fixe, au premier dimanche d'avril, proposa-t-il à tous les évêques du monde rassemblés dans la somptueuse nef de la basilique Saint-Pierre. [...] Bientôt la fête de Pâques risque de n'être plus observée, si nous ne prenons pas les devants[1]. » Que ce prélat singulièrement lucide se rassure outre-tombe : un demi-siècle plus tard, bien que toujours mobile, la fête de Pâques continue d'être célébrée, ne serait-ce que sous la forme d'un week-

1. Henri de Lubac, *Carnets du concile I*, Paris, Cerf, 2007, p. 258-259.

end prolongé. L'enjeu n'est pas anecdotique : déterminée en fonction de la pleine lune qui suit l'équinoxe de printemps, la date de Pâques inscrit dans la liturgie chrétienne le rythme lunaire qui structure le calendrier juif. C'est donc une expression particulièrement sensible de la relation fondatrice entre la Première Alliance et la Nouvelle. Le rendez-vous pascal constitue comme un témoignage rendu à l'indispensable amitié judéo-chrétienne, qui s'est tant développée dans le sillage du concile Vatican II précisément, et grâce aux engagements conjugués de Jean-Paul II et du cardinal Lustiger. Si la Bible valorise le calendrier lunaire de préférence au rythme solaire, c'est parce que le premier est moins régulier que le second, qu'il n'est pas possible de se l'approprier une fois pour toutes. Vivre au rythme de la lune, c'est accepter que le temps ne nous appartienne pas complètement, qu'il soit toujours à recevoir comme un don de Dieu. La mobilité de la date de Pâques est un message discrètement libérateur pour l'humanité technicienne : elle n'est pas complètement prisonnière de sa prétention à maîtriser intégralement le temps.

Cette parabole de la date pascale est significative d'un certain rapport à la sécularisation. Il faudrait l'accélérer, en « prendre les devants », par peur de la voir arriver. « Vous avez tellement peur d'être les derniers chrétiens que vous serez les derniers marxistes », déclara un jour Clavel – au micro de Jacques Chancel et de ses fameuses Radioscopies – à l'adresse de certains clercs des années 1970. « Vous avez tellement peur d'être les derniers chrétiens que vous serez les derniers "sécularistes" » lancerait-il sans doute, s'il était encore vivant, aux esprits forts d'aujourd'hui. Le cardinal Daniélou notait d'ailleurs, dès 1971 : « Ce serait de la part de l'Église une immense erreur de considérer le sécularisme comme quelque chose d'acquis, en fonction de quoi elle devrait envisager l'avenir de sa pastorale, au moment même où le sécularisme s'écroule. » Ce qui ne l'empêchait pas d'ajouter aussitôt avec lucidité : « Cela ne veut pas dire qu'il suffise de maintenir les formes traditionnelles de la sacralisation[1]. » De fait, ces formes se sont depuis pour une part renouvelées, ce qui n'a pas suffi à endiguer un mouvement de sécularisation qui se poursuit mais a contribué à l'émergence parallèle d'un renouveau spirituel qui commence à porter des fruits. Au point que Marcel Gauchet puisse écrire : « Il y a effectivement une montée identitaire du catholicisme français. C'est une mutation historique majeure, portée par une jeunesse à la fois conservatrice et moderne, qui fait l'effet d'un continent exotique[2]. » L'adjectif « identitaire » ne doit pas susciter un réflexe pavlovien de peur : l'identité assumée est, en fait, la condition du dialogue et de l'ouverture. Quant à la conjonction des adjectifs « conservatrice » et « moderne », elle est une variation de plus sur la différence entre sécularisation et sécularité. Quoi qu'il en soit, le sage et pondéré Marcel Gauchet n'hésite pas à parler de « mutation historique majeure ».

1. Jean Daniélou, « Crise de l'Église et crise de la civilisation », *art. cit.*
2. Marcel Gauchet, *Le Nouvel Observateur*, 3 mai 2013.

C'est de manière plus polémique que Jean Duchesne, qui fut l'un des proches conseillers du cardinal Lustiger, relève : « L'antichristianisme, fort bien dénoncé par René Rémond à la fin de sa vie, des "bobos" qui s'enferment dans ce qu'il est devenu a quelque chose d'absurde et de désespéré : puisque l'islam, le bouddhisme, l'hindouisme, etc., sans parler du judaïsme, font preuve d'une santé insolente qui dément la certitude que l'a-religiosité est d'avant-garde et que la piété ne doit plus exister que par choix personnel et en privé, qu'au moins les "observants" restent invisibles et inaudibles dans l'Occident que son incroyance marginalise par rapport au reste du monde ! C'est la rage aveugle et vaine de l'agonisant qui s'obstine à tenir pour la panacée la corruption fatale qu'il a contractée[1]. » Sans doute faut-il ajouter que la vitalité n'est pas le privilège exclusif des religions non chrétiennes. Beaucoup d'observateurs, et beaucoup de catholiques toujours trop prompts à la servitude volontaire des *losers*, oublient qu'il y a aujourd'hui dans le monde plus de catholiques et plus de prêtres qu'il n'y en a jamais eu dans l'histoire humaine. Le gallocentrisme pathologique qui frappe de manière chronique nos concitoyens dans bien des domaines n'est pas moins menteur et coupable sur le plan religieux.

« La France n'est pas seule ! Elle n'est pas seule ! Elle n'est pas seule ! » tonnait le général de Gaulle

1. Jean Duchesne, *Incurable romantisme ? La pandémie culturelle qui défie la nouvelle évangélisation*, Paris, Parole et Silence, « Communio », 2013, p. 190.

dans son « Appel du 18 juin ». Il ajoutait, le lendemain, dans sa fameuse déclaration placardée sur tous les murs de Londres : « Dans l'univers libre, des forces immenses n'ont pas encore donné. » Les forces spirituelles « immenses » des chrétiens du monde entier sont, analogiquement, bel et bien en train de « donner ». La Pologne, dont on prédisait l'effondrement spirituel dès le mur de Berlin tombé, fait face à une sécularisation certes mordante mais avec une persistante énergie missionnaire. On pourrait en dire autant de quelques autres pays de vieille chrétienté. En Afrique, en Inde, on construit des séminaires et on fonde des congrégations. Aux États-Unis comme en Amérique latine, le catholicisme fait preuve d'une vitalité extraordinaire, malgré parfois la confrontation avec un nouveau type de sectes. À Hong Kong, on multiplie les vigiles pascales dans chaque paroisse pour baptiser les adultes par salves successives de cinquante. Si les catholiques demeurent ultraminoritaires en Asie, ils y jouent un rôle culturel croissant, notamment grâce aux universités catholiques qui sont de plus en plus nombreuses et vivantes. Si le catholicisme occidental fait les frais de la crise économique, culturelle et morale de l'Occident tout entier, ce serait commettre un grave contre-sens historique d'imaginer l'Église et les religions en phase de déclin généralisé.

« À une enquête d'un journal qui avait demandé : "*What is wrong in the world ?*", Chesterton aurait répondu par cette réflexion d'un laconisme superbe : "*Dear Sir, I am. Sincerly yours.*" À qui la faute ? À moi, et à moi seul ! Et si cette crise-là venait de moi, des moines, des chrétiens, des prêtres, des évêques et des religieux ? Si nous pouvions dire, dans une belle attitude d'humilité : "Mais oui, c'est nous qui avons engendré et qui engendrons encore ces défections, cette atmosphère religieuse morose." Quel soulagement ce serait ! Car si nous sommes responsables, il y a quelque chose à faire qui dépend de Dieu et de nous[1]. » Cette réflexion modeste et stimulante est celle d'un moine contemporain. Il est actuellement le supérieur de l'un des trois monastères fondés par des Français en Europe du Nord et de l'Est ces toutes dernières années : en dépit de sa pauvreté spirituelle, la France continue en effet d'envoyer des missionnaires et des contemplatifs partager au loin les richesses de la foi. « Quand on lit l'histoire de l'Église, écrit encore dom Samuel dans sa méditation sur *L'Avenir chrétien de notre temps*, on constate que les périodes de foi en l'Eucharistie, gage de la présence invisible du Seigneur au milieu de nous, sont des époques fécondes, de foi vivante et de science profonde. À l'inverse, les époques de faible pratique eucharistique comme les nôtres sont celles de la tiédeur, de l'anémie spirituelle, du flou théologique et, souvent, de vies sacerdotales marquées par le péché. Quel est le remède ? La ferveur humble et persévérante dans les monastères, celle des prêtres et celle des chrétiens sincères[2]. » Il ne s'agit pas aujourd'hui pour l'Église de condamner son siècle, ni de se croire condamnée,

1. Dom Samuel, *De tout cœur. Sur l'avenir chrétien de notre temps*, Paris, Ad Solem, 2011, p. 31.
2. *Ibid.*, p. 125.

mais de vivre et de partager l'espérance qui ne « trompe » pas comme dit saint Paul : « L'amour répandu dans nos cœurs par l'Esprit saint qui nous a été donné[1]. »

1. Romains 5, 5.

IV

Amour et vérité se rencontrent

Notre siècle n'a-t-il pas le cœur trop dur, s'interrogeront certains, pour s'ouvrir à la vérité de cet amour ? « L'homme de ce temps a le cœur dur et la tripe sensible[1] », avertissait Bernanos avec sa lucidité habituelle. Je me souviens d'un « Apostrophes » particulièrement significatif de ce point de vue. Les historiens Yves-Marie Hilaire et Gérard Cholvy considèrent d'ailleurs la naissance de l'émission jamais égalée de Bernard Pivot, en 1975, comme un signal de renouveau culturel et même en un sens spirituel après la tourmente de 1968. Les auteurs n'y venaient pas en « promo », comme on dit grossièrement aujourd'hui, mais pour se rencontrer, échanger en profondeur, entraîner les téléspectateurs dans une recherche de vérité. Ce soir-là, Jean-François Kahn dialoguait avec Jean d'Ormesson. « Toutes les vérités sont relatives, seul le mensonge est absolu », lança le tonitruant journaliste. Cette affirmation d'un absolu

1. Georges Bernanos, *Les Grands Cimetières sous la lune*, *op. cit.*, p. 371.

du mensonge me fit froid dans le dos. Heureusement, le brillant académicien rétorqua de manière à la fois lapidaire et magistrale : « Les vérités relatives, qu'elles aillent se faire f... ! » Ce dialogue résume la situation spirituelle de notre temps : peur de la vérité, voire répulsion pour la vérité, qui peut se transformer en nihilisme désespérant, mais en même temps soif de la vérité, désir éperdu de vérité, de cette « vérité qui rend libre[1] ».

Pascal Engel approfondit ce constat dans un dialogue sans concession avec Richard Rorty, le théoricien par excellence du relativisme, « le philosophe officiel de la vériphobie[2] » : « Jamais la méfiance n'a été aussi grande, aussi bien dans les cercles intellectuels les plus avancés que dans les médias et la société, vis-à-vis des valeurs de la [...] vérité et de l'objectivité. D'un autre côté, jamais l'impression d'être trompé par les pouvoirs (politiques, scientifiques) supposés garantir ces mêmes valeurs, et le besoin de confiance n'ont été aussi grands. Pourquoi, si l'on ne croit plus en la vérité, a-t-on pourtant soif de vérité[3] ? » Et Pascal Engel d'évoquer un souvenir d'étude particulièrement suggestif : « J'ai toujours été étonné, lorsque j'étais auditeur de Michel Foucault au Collège de France dans les années 1970, de l'entendre nous expliquer que la notion de vérité ne pouvait qu'être l'instrument du pouvoir, et que tout pouvoir étant mauvais, la vérité ne pouvait qu'être l'expres-

1. Jean 8, 32.
2. Pascal Engel, Richard Rorty, *À quoi bon la vérité ?*, Paris, Grasset, « Nouveau collège de philosophie », 2005, p. 18.
3. *Ibid.*, p. 13-14.

sion de quelque volonté maligne, puis de le retrouver dans les manifestations derrière des banderoles proclamant : “Vérité et justice”. Pourquoi les journalistes qui disent se soucier des règles de leur profession et du devoir de ne pas diffuser d’informations fausses sont-ils souvent si indulgents vis-à-vis des penseurs qui leur expliquent que vérité et rationalité sont des mots creux[1] ? » J’ai déjà évoqué ce mélange de répulsion et d’attraction pour la vérité au sujet de l’affaire Cahuzac. Le ministre fraudeur a été cloué au pilori pour avoir menti à la sacro-sainte « représentation nationale » par des parlementaires et des observateurs par ailleurs prompts à dénoncer toute prétention à la vérité, coupable à leurs yeux de « dogmatisme », le péché intellectuel par excellence, source automatique d’intolérance voire de violence.

Benoît XVI n’est pas passé à côté de ce rapport contradictoire et en un sens pathologique à la vérité en interrogeant constamment le relativisme contemporain. L’homélie remarquée qu’il prononça quelques heures avant son élection au siège de Pierre, juste avant l’entrée en conclave, va jusqu’à évoquer une « dictature du relativisme » : « Combien de vents de la doctrine avons-nous connus au cours des dernières décennies, combien de courants idéologiques, combien de modes de la pensée... » Reprenant l’image évangélique du bateau dans la tempête, le futur pape poursuit : « La petite barque de la pensée de nombreux chrétiens a été souvent ballottée par ces vagues, jetée d’un extrême à l’autre : du marxisme au libé-

1. *Ibid.*, p. 14-15.

ralisme, jusqu'au libertinisme; du collectivisme à l'individualisme radical; de l'athéisme à un vague mysticisme religieux; de l'agnosticisme au syncrétisme et ainsi de suite. Chaque jour naissent de nouvelles sectes et se réalise ce que dit saint Paul à propos de l'imposture des hommes, de l'astuce qui tend à les induire en erreur (Éphésiens 4, 14).» Par contraste avec ce tourbillon d'opinions, «posséder une foi claire, selon le Credo de l'Église, est souvent défini comme du fondamentalisme. Tandis que le relativisme, c'est-à-dire se laisser entraîner "à tout vent de la doctrine", apparaît comme l'unique attitude à la hauteur de l'époque actuelle. L'on est en train de mettre sur pied une dictature du relativisme qui ne reconnaît rien comme définitif et qui donne comme mesure ultime uniquement son propre ego et ses désirs[1] ».

S'il faut choisir entre deux maux – entre deux «dictatures» –, le fondamentalisme et le relativisme, ne faut-il pas opter pour le moindre, c'est-à-dire, estimeront spontanément beaucoup, le relativisme ? C'est en rester à un diagnostic superficiel de raisonner ainsi. Dans un texte assez ancien – il date de 1962 –, le jeune Joseph Ratzinger précisait déjà son analyse du relativisme. Il s'agit d'un discours écrit pour le cardinal Frings, archevêque de Munich, dont le futur Benoît XVI fut l'expert attitré durant le concile Vatican II, et dont le bienheureux pape Jean XXIII estima qu'il résumait remarquablement son projet pour l'événement conciliaire. «Il ne faut pas s'y

1. Joseph Ratzinger, «*Missa pro eligendo Romano Pontifice*», 18 avril 2005.

tromper, affirme le cardinal grâce à la plume de son théologien de service : le relativisme ne doit pas être en tous points quelque chose de mauvais. S'il conduit à reconnaître la relativité de toutes les formes de civilisation humaine, et donc à une modestie réciproque où personne n'attribue un caractère absolu à son héritage humain et historique, il peut contribuer à une meilleure compréhension entre les hommes et à supprimer des barrières. En aidant à reconnaître le caractère relatif et changeant des formes et créations purement humaines, il peut contribuer à libérer ce qui est vraiment absolu de l'emprise de ce qui n'a que les apparences de l'absolu et à le faire apparaître clairement dans sa vraie pureté[1]. » Une forme ou une dose de relativisme peut donc, au regard même de celui qui en fut le contradicteur emblématique, posséder une vertu thérapeutique. Joseph Ratzinger a d'ailleurs souvent insisté par la suite sur la purification réciproque de la foi et de la raison, la raison pouvant notamment délivrer une foi livrée à ses seules ressources d'affirmations trop générales, pas assez respectueuses de la variété des niveaux et des médiations de la vérité. Le discours se poursuit en précisant les conditions d'un relativisme cette fois-ci nocif : « Ce n'est que s'il nie sans distinction tout absolu et n'admet que le relatif qu'il constitue vraiment une négation de la foi[2]. » Ce relativisme radical combat toute expression croyante tandis que la foi, de son

1. Joseph Frings, « Le concile et la pensée moderne », *Documentation catholique*, 1962, p. 259.

2. *Ibid.*

côté, ou tout simplement le goût de la vérité comme telle, peut, sans verser dans le fondamentalisme, s'enrichir des questions légitimes d'un relativisme bien tempéré. Nous ne sommes pas condamnés à l'affrontement entre relativisme et fondamentalisme mais invités à pratiquer un dialogue exigeant au service de la recherche de la vérité.

Encore faut-il pour cela ne pas s'enfermer dans cette « vériphobie » ordinaire qui constitue malheureusement une donnée diffuse du climat idéologique et culturel contemporain. « Ceux qui nourrissent un soupçon systématique pour les mots comme “vérité”, “raison” ou “objectivité” (“Cachez avec des guillemets ces mots que je ne saurais voir”) [font régner la terreur et la censure][1] », écrit Pascal Engel, en convoquant Tartuffe avec humour et à-propos. Cette « vériphobie » s'exerce en particulier contre les chrétiens, au motif paradoxal qu'ils n'invitent pas à la pure adhésion de la foi mais aussi à un investissement de la raison dans la recherche spirituelle. La part de rationalité revendiquée par l'affirmation chrétienne la rend singulièrement suspecte aux yeux de ceux qui défendent une sorte de monopole positiviste de la raison. Voilà pourquoi le lumineux philosophe orthodoxe Bertrand Vergely n'hésite pas à parler de « persécution spirituelle » dans notre contexte contemporain. « En France aujourd'hui, il est mal vu de “croire” [...]. Dieu est un mot qui fâche et même un mot honteux. Cette incroyance qui confine au nihilisme a des effets dévastateurs. Outre le fait qu'elle

1. Pascal Engel, Richard Rorty, *À quoi bon la vérité ?*, *op. cit.*, p. 16.

plonge la société dans le vide et la morosité, elle crée un climat délétère qui pousse certains au suicide. Elle empêche également de penser[1]. »

Le chantre officiel de cet athéisme agressif, de cette « vériphobie » antichrétienne est évidemment le très médiatique Michel Onfray, auteur d'un fameux *Traité d'athéologie*[2]. Avec beaucoup de clairvoyance, Franz-Olivier Giesbert l'invita à dialoguer avec le cardinal Vingt-Trois pour l'une de ses premières apparitions télévisées d'archevêque de Paris, le philosophe personnaliste Guy Coq étant également sur le plateau pour enrichir le débat. C'était une manière fort opportune de mettre en lumière le contexte idéologique dans lequel se déploierait la mission du nouveau chef spirituel de l'Église en France. Michel Onfray ne manque ni de créativité pédagogique, comme le manifeste sa fameuse « université populaire » à Caen, ni de talent oratoire et de culture, comme les auditeurs de ses séries estivales sur France Culture peuvent le constater. Il ne sous-estime pas, lui, la vitalité du christianisme en France, mais pour la regretter amèrement et la combattre vigoureusement : « L'époque dans laquelle nous vivons n'est pas athée. Elle ne paraît pas encore post-chrétienne non plus, ou si peu. En revanche, elle demeure chrétienne, et beaucoup plus qu'il n'y paraît[3]. » Peut-être les catho-

1. Rémi Brague, Jean-Luc Marion, Edgar Morin, Éric de Rosny, Bertrand Vergely, *Regards sur le monde. Entretiens avec Anne-Christine Fournier*, Paris, Mame, 2012, p. 56.

2. Michel Onfray, *Traité d'athéologie. Physique de la métaphysique*, Paris, Le Livre de poche, 2012.

3. Michel Onfray, *Traité d'athéologie*, *op. cit.*, p. 76.

liques, les intellectuels et les pasteurs, en particulier, n'ont-ils pas pris assez au sérieux ce qu'exprimait de la culture ambiante, sur un mode certes polémique, le *Traité d'athéologie*. Malgré le caractère stimulant des réponses d'Irène Fernandez[1] et de Matthieu Baumier[2], beaucoup ont pensé que les outrances de Michel Onfray suffisaient à le discréditer. Elles expriment en fait, sur le mode caricatural qui correspond à une forme de communication médiatique, ce que beaucoup de nos contemporains ressentent spontanément, à défaut de le penser profondément.

L'épigraphe du *Traité*, empruntée à l'*Ecce homo* de Nietzsche, donne d'emblée le ton : « La notion de "Dieu" a été inventée comme antithèse de la vie – en elle se résume, en une unité épouvantable, tout ce qui est nuisible, vénéneux, calomniateur, toute haine de la vie. » Dans l'élan de cet exergue, qui n'est pas du meilleur Nietzsche c'est le moins qu'on puisse dire, Michel Onfray enchaîne les formules définitives : « L'athéisme n'est pas une thérapie mais une santé mentale recouvrée[3] » ; saint Paul : un « voyageur commercial hystérique[4] » ; « La synagogue, le temple, l'église ou la mosquée, tous endroits où l'intelligence se porte mal[5] » ; Hitler : un « disciple de saint Jean[6] ». Avec une absence sidérante de sérénité intellectuelle,

1. Irène Fernandez, *Dieu avec esprit. Réponse à Michel Onfray*, Paris, Philippe Rey, 2005.

2. Matthieu Baumier, *L'Anti*-Traité d'athéologie. *Le système Onfray mis à nu*, Paris, Presses de la Renaissance, 2005.

3. Michel Onfray, *Traité d'athéologie*, *op. cit.*, p. 30.

4. *Ibid.*, p. 64.

5. *Ibid.*, p. 67.

6. *Ibid.*, p. 217.

pour le dire avec bienveillance, qui laisse de côté les « grandes inventions du christianisme » naguère rappelées par le pourtant très consensuel René Rémond[1], notre « athéologien » identifie tout bonnement la foi et la haine : « Les trois monothéismes, animés par une même pulsion de mort généalogique, partagent une série de mépris identiques : haine de la raison et de l'intelligence ; haine de la liberté ; haine de tous les livres au nom d'un seul ; haine de la vie ; haine de la sexualité, des femmes et du plaisir ; haine du féminin ; haine du corps, des désirs, des pulsions[2]. » C'est à se demander si Michel Onfray a déjà mis les pieds dans une bibliothèque – monastique par exemple – ou un musée, ou rencontré des chrétiens amoureux, joyeux d'accueillir comme un don de Dieu le bonheur de s'offrir l'un à l'autre. Avec une certaine habileté cependant, il retourne l'argument du relativisme, mais sans lui reconnaître la part de légitimité défendue par le jeune Ratzinger : « En mettant à égalité toutes les religions et leur négation, on avalise le relativisme : égalité entre la pensée magique et la pensée rationnelle, entre la fable, le mythe et le discours argumenté, entre le discours thaumaturgique et la pensée scientifique, entre la Torah et le *Discours de la méthode*, le Nouveau Testament et la *Critique de la raison pure*, le Coran et la *Généalogie de la morale*. Moïse vaut Descartes, Jésus, Kant et Mahomet, Nietzsche[3]. »

1. René Rémond, *Les Grandes Inventions du christianisme*, Paris, Bayard, 1999.
2. Michel Onfray, *Traité d'athéologie*, *op. cit.*, p. 103.
3. *Ibid.*, p. 279.

L'outrance délibérée de ces propos, je l'ai dit, pourrait sembler les marginaliser. Il faudrait par exemple rappeler à Michel Onfray que Descartes n'aurait sûrement jamais formulé son *cogito*, acte fondateur de la modernité, sans avoir fréquenté le socratisme de saint Augustin et lu ses *Soliloques* ou son *De libero arbitrio*. Quoi qu'il en soit, y compris par ses oublis plus ou moins volontaires, Michel Onfray exprime bel et bien, sur un mode volcanique, sur un mode éruptif, certaines arrière-pensées contemporaines. Dialoguant, certes plus sereinement et sérieusement, avec l'encore cardinal Ratzinger, le philosophe athée Paolo Flores d'Arcais formule à sa manière la crainte qu'une appartenance religieuse fasse perdre le goût de la vie terrestre et du temps présent. N'y aurait-il pas chez les croyants, pour le dire avec les mots de Nietzsche et de Michel Onfray, une inévitable « haine de la vie » ? « Je pense pour ma part qu'une foi donne assurément quelque chose en plus en termes d'espérance ou d'illusion, écrit le philosophe italien, mais qu'avoir la foi, c'est aussi avoir quelque chose en moins, parce que je crois que la lucidité, la conscience de la finitude, du désenchantement, permet de vivre avec une passion et une responsabilité accrues les vicissitudes quotidiennes de notre petite et seule vie[1]. » Cette peur de perdre la saveur du présent en investissant sur l'éternité est compréhensible : aux chrétiens de manifester que leur

1. Joseph Ratzinger, Paolo Flores d'Arcais, *Est-ce que Dieu existe ? Dialogue sur la vérité, la foi et l'athéisme*, Paris, Manuels Payot, 2005, p. 25.

foi en la création et leur aspiration à la vie éternelle ne font que renforcer, en leur donnant une source et une perspective, la saveur de leurs engagements temporels.

Quand il appelle de ses vœux une « laïcité post-chrétienne », Michel Onfray ne s'exprime pas différemment de ce que nous avons rencontré chez un Vincent Peillon, par exemple, partisan d'une « mort de Dieu » perpétuellement réactivée : « La pensée laïque n'est pas une pensée déchristianisée, mais chrétienne immanente, déplore notre "athéologien". Avec un langage rationnel, sur le registre décalé du concept, la quintessence de l'éthique judéo-chrétienne persiste. Dieu quitte le ciel pour descendre sur terre. Il ne meurt pas, on ne le tue pas, on ne l'économise pas, on l'acclimate sur le terrain de la pure immanence. Jésus reste le héros des deux visions du monde, on lui demande seulement de ranger son auréole, d'éviter le signe ostentatoire[1]... » Il y a beaucoup de violence dans ces propos (« Il ne meurt pas, on ne le tue pas ») mais aussi du brio et une forme de sincérité. Pourquoi cette brutalité et pourquoi cette répulsion réfléchie à l'égard de l'héritage judéo-chrétien même sécularisé ? La réponse adaptée à de telles agressions, en tout cas, ne consiste pas à rendre les coups mais à chercher l'incompréhension ou le malaise ou la souffrance qui se cachent sous les attaques. C'est cela tendre la joue gauche quand on a été frappé sur la droite[2] : non pas s'enfuir, déserter le

1. Michel Onfray, *Traité d'athéologie*, *op. cit.*, p. 278.
2. Matthieu 5, 39.

combat, le déclarer inutile ou perdu d'avance, mais le mener avec les armes de l'intelligence et de l'amour, *suaviter ac fortiter*, avec douceur et avec force.

« Prenons les trois athéismes contemporains, écrit Bertrand Vergely dans cet esprit de ferme sérénité. Premier athéisme : André Comte-Sponville. Pour lui, Dieu est une illusion [...]. Deuxième athéisme : Michel Onfray. Pour lui, Dieu, c'est le mal [...] Troisième athéisme : Luc Ferry. Dieu, c'est fini[1]. » Avec une charité chrétienne qui stimule son hospitalité intellectuelle, le philosophe orthodoxe poursuit : « André Comte-Sponville ne croit pas en Dieu mais il aime le Christ. Michel Onfray ne croit pas en Dieu mais il est en quête de verticalité. Quant à Luc Ferry, s'il pense que le temps de Dieu est passé, il croit au sacré de la personne. Chez tous, on retrouve la même chose. Quand on chasse Dieu par la porte, il revient par la fenêtre. S'ils ne croient pas à telle ou telle image de Dieu, une image généralement politique oscillant entre le Père Fouettard et le Père Noël, tous sont en quête, qui d'amour, qui de verticalité, qui d'un sens de la personne. Aucun d'entre eux ne se pense sans un principe premier[2]. » Sans doute ne faut-il pas affirmer trop vite que les adversaires de la foi sont croyants sans le savoir, que les contempteurs du christianisme sont des « chrétiens anonymes » pour reprendre la formule de Karl Rahner qui fit florès dans les années 1970. C'est respecter un contradic-

1. Rémi Brague, Jean-Luc Marion, Edgar Morin, Éric de Rosny, Bertrand Vergely, *Regards sur le monde*, *op. cit.*, p. 71.

2. *Ibid.*, p. 71.

teur et faire preuve de maturité que de prendre acte de lignes de fracture intellectuelles ou spirituelles objectives. Mais une fois la frontière nettement dessinée et lucidement considérée, il est possible, comme le fait Bertrand Vergely, d'entamer un dialogue dont les croyants eux-mêmes savent qu'il peut les faire progresser tant ils sont convaincus que la Vérité qu'ils servent ne cesse de les dépasser.

N'est-ce pas ce dialogue respectueux dans la recherche de la vérité qu'Edgar Morin appelle de ses vœux quand il parle de « politique de civilisation » ? « La politique de civilisation, c'est de comprendre aujourd'hui qu'il doit y avoir un échange de civilisations, que chacune doit recevoir ce qu'elles ont de bon et donner ce qu'elle a de bon. C'est ce que Césaire appelait "le rendez-vous du donner et du recevoir"[1]. » On n'évitera pas le « choc des civilisations », théorisé par Samuel Huntington, en optant pour un consensus de façade, naïf et en fait faussement bienveillant, mais en pratiquant, en toute franchise, un dialogue de vérité, entre croyants et athées et aussi entre croyants et entre chrétiens. C'est ce que Jean-Paul II fait de manière exemplaire et précise dans son encyclique sur *La Mission du Christ rédempteur*[2] où il met en lumière la coïncidence paradoxale du dialogue et de la mission, du respect inconditionnel des interlocuteurs et du partage enthousiaste des convictions les plus fermes et les plus profondes. Dans le contexte européen, Rémi Brague en appelle à

1. *Ibid.*, p. 102.
2. Jean-Paul II, *La Mission du Christ rédempteur*, Paris, Cerf, 1991.

la « voie romaine » : « J'appelle *romaine* l'attitude de celui qui sait qu'il a au-dessus de lui une source plus intéressante, plus féconde, plus riche que lui. Et, en dessous de lui – ce qui ne veut pas dire nécessairement à l'extérieur de soi, mais en soi-même, à son niveau le plus élémentaire –, une barbarie. Une barbarie qu'il faut soigner justement en lui appliquant, en faisant couler sur elle [...] la culture grecque et la religion juive[1]. » Par « la culture grecque et la religion juive », Rémi Brague désigne, en leurs réalisations concrètes, la raison et l'histoire avec lesquelles le christianisme n'a jamais cessé de dialoguer.

Si un tel dialogue est possible et même fondamentalement facile pour les chrétiens, c'est qu'en sa profondeur le christianisme est coïncidence de l'amour et de la vérité, unité de la foi et de la charité. « Amour et vérité se rencontrent », chante le Psaume 85, qui sonne comme une prophétie s'accomplissant dans le Christ ; et saint Paul d'ajouter en écho : « La foi agit par la charité[2]. » « Dans le Christ, vérité et charité se retrouvent, commente le cardinal Ratzinger. Dans la mesure où nous nous rapprochons du Christ, la vérité et la charité se confondent aussi dans notre vie. La charité sans vérité serait aveugle ; la vérité sans charité serait comme "cymbale qui retentit" (1 Corinthiens 13, 1)[3]. » Voilà sans doute le véritable « génie du christianisme », plus fondamental encore que la

1. Rémi Brague, Jean-Luc Marion, Edgar Morin, Éric de Rosny, Bertrand Vergely, *Regards sur le monde*, *op. cit.*, p. 161.

2. Galates 5, 6.

3. Joseph Ratzinger, « *Missa pro eligendo Romano Pontefice* », 18 avril 2005.

distinction entre spirituel et temporel célébrée par Jean-Louis Harouel. Il y a tant d'amour dans le Christ et tant d'exigence d'amour dans l'adhésion au Christ que la foi la plus ferme ouvre à la charité la plus accueillante. Il ne s'agit pas, pour respecter toutes les croyances ou absences de croyances, d'opter pour une foi en demi-teinte. C'est au contraire l'appartenance chrétienne la plus radicale qui ouvre au respect le plus absolu. « Jamais homme n'a respecté comme cet homme », disait le cardinal Decourtray à propos de Jésus en glosant sur une formule évangélique[1]. Face à la coexistence potentiellement problématique, voire explosive des religions et des philosophies, la tentation contemporaine est d'en appeler à des appartenances en mode mineur. L'expérience chrétienne permet de faire le pari inverse : le chemin de la paix passe par l'approfondissement et non par l'édulcoration. Il y avait, de ce point de vue, une liberté appréciable par rapport à l'opinion ambiante dans la réflexion de Nicolas Sarkozy : « Que des hommes de foi croient "fondamentalement", fondent leur vie sur leur foi et veuillent respecter les fondements de leur religion, quoi de plus normal ? [...] L'intégrisme est en revanche une volonté de vivre sa religion en l'imposant aux autres[2]. » Une de mes plus grandes joies de chrétien est de ne jamais avoir à choisir entre mon amour du Christ et mon amour des autres : ils se nourrissent et s'appellent l'un l'autre.

1. Jean 7, 46.

2. Nicolas Sarkozy, *La République, les religions, l'espérance*, *op. cit.*, p. 87.

Le « génie du christianisme » s'exprime dans une autre conjonction apparemment paradoxale : celle de la vérité objective des dogmes et de la profondeur subjective de la conscience. Le substantif « dogme » et ses dérivés « dogmatique » ou « dogmatisme » font partie, dans la mentalité ambiante, des termes les plus péjoratifs. Quand il m'arrive de dire que j'enseigne la théologie « dogmatique » – c'est-à-dire l'intelligence croyante des mystères mêmes de la foi : le Christ, la Trinité, la grâce, les sacrements –, on me regarde souvent d'un air suspicieux, l'expression théologie « dogmatique » étant spontanément comprise comme théologie intolérante ou agressive. Beaucoup de nos contemporains s'imaginent que l'Église croule sous la quantité des dogmes qu'elle ne cesserait de produire, dans le domaine de la foi comme dans celui de la morale, dogmes réputés culturellement dépassés dès qu'ils ne correspondent plus immédiatement à la mentalité ambiante. Les dogmes au sens propre du terme, en réalité, ne concernent pas directement la morale mais se concentrent sur les vérités à croire. Ils sont surtout relativement peu nombreux, l'histoire doctrinale de l'Église étant régie par un principe d'économie dogmatique : une formulation normative de la foi n'est proclamée qu'en réponse à une incompréhension ou à une crise majeures ; elle ne prétend pas alors tout expliquer des objets de la foi mais seulement garantir un accès authentique au Mystère, présenté comme toujours plus grand que ce qu'on peut en dire. Une expression dogmatique a la caractéristique singulière d'être à la fois très précise et délibérément disponible à des interprétations successives.

Pour ce qui est de la morale, on reprochera à l'Église de multiplier les interdits. C'est ne pas comprendre qu'un commandement négatif, comme le savent bien les éducateurs, désigne une voie sans issue tout en laissant toutes les autres ouvertes tandis qu'un impératif positif risque de limiter la liberté à une seule détermination. Dogmes et commandements de ce point de vue se ressemblent : ce sont des formulations modestes, ouvertes, orientées vers une indispensable appropriation spirituelle et pratique par la conscience.

C'est paradoxalement peut-être avec la conscience que notre époque, en fait prodigue en pseudo-« dogmes » et « commandements » – impérieux ceux-là –, a la plus grosse difficulté. On se rappelle que, dans le contexte du débat sur le « mariage pour tous », le président Hollande a ouvert la possibilité d'une « objection de conscience » devant le Congrès des maires de France, avant de se rétracter quelques heures plus tard sous la pression d'associations militantes. On entendit, à ce moment-là, un certain nombre de responsables politiques s'étonner que l'on puisse envisager quelque objection de conscience que ce soit – pourtant prévue par la loi dans plusieurs autres cas – et même s'interroger sur la réalité de la conscience comme telle. Ces responsables politiques, quelques semaines plus tard, devaient en revenir, sans rougir de cette contradiction – sans même peut-être en avoir... conscience – à l'articulation de la vérité et de la conscience pour condamner et le mensonge objectif et le défaut de conscience subjective de Jérôme Cahuzac. Une fois la loi sur le mariage votée, toute réserve en conscience, de la part des édiles ou des simples citoyens, a été déclarée illégitime par le gouvernement comme par les faiseurs d'opinion patentés. Il y a même eu des chrétiens pour émettre des interrogations voire des réserves sur la valorisation de la conscience par rapport à la loi : « On observe, dans la plupart des Églises catholiques des pays occidentaux, s'étonne une journaliste pourtant compétente et équilibrée, une tendance de plus en plus fréquente à invoquer ainsi la conscience pour légitimer une opposition aux lois[1]. » Voilà qui est d'autant plus surprenant qu'un certain nombre de catholiques français ont parfois valorisé la conscience – souvent confondue avec le sentiment spontané – au détriment du caractère normatif du magistère pontifical.

La constitution du concile Vatican II sur *L'Église dans le monde de ce temps*, qui doit beaucoup aux plumes conjuguées du futur Jean-Paul II et du grand théologien français Henri de Lubac, débute par une méditation sur le mystère de l'homme, qui fait une large place au mystère de la conscience. C'est d'ailleurs par la considération de la conscience dans toute sa profondeur que le concile cherche à répondre à l'athéisme contemporain : la foi n'est pas la soumission à des « dogmes » extérieurs imposés mais une rencontre proposée à celui qui entre vraiment dans la profondeur de son « cœur », l'équivalent biblique du mot « conscience ». « La conscience est le centre le plus secret de l'homme, écrivent les Pères conciliaires, le sanctuaire où il est seul avec Dieu et où sa

1. Isabelle de Gaulmyn, « Après les manifs, que faire ? », la-croix.com, 3 juin 2013.

voix se fait entendre[1] », nous avons déjà rencontré ce texte à propos de saint Thomas More. « Le centre le plus secret de l'homme » est un espace inviolable. S'il est possible – ce qui ne veut pas dire légitime – de contraindre quelqu'un à l'action, écrivait déjà saint Thomas d'Aquin au XIIIe siècle, on ne peut jamais le forcer à vouloir.

« C'est [sa conscience], lit-on encore dans le décret de Vatican II sur la liberté religieuse, que [l'homme] est tenu de suivre fidèlement en toutes ses activités [...]. Il ne doit donc pas être contraint d'agir contre sa conscience. Mais il ne doit pas être empêché non plus d'agir selon sa conscience, surtout en matière religieuse[2]. » Cette affirmation discrédite absolument toute volonté de convertir par la force : « C'est vraiment un péché que de penser : si [...] la raison n'est pas prête, nous devons "l'aider" avec le pouvoir de l'État, affirme le cardinal Ratzinger dans son dialogue avec Paolo Flores. Ceci est une grave erreur. Il ne faut donc pas s'imposer par le pouvoir – c'est un grand péché et une grave erreur – mais s'offrir à l'évidence de la raison et du cœur[3]. »

La souveraineté de la conscience, décisive dans le rapport à l'incroyant, n'est pas moins vitale pour le croyant lui-même. Le catholique fidèle, convaincu, militant ne peut agir par simple conformisme extérieur à l'enseignement de l'Église ; il doit se l'approprier, l'intérioriser par le travail intime de la

1. Concile Vatican II, *Gaudium et spes*, § 16.
2. Concile Vatican II, *Dignitatis humanae*, § 3.
3. Joseph Ratzinger, Paolo Flores d'Arcais, *Est-ce que Dieu existe ?*, *op. cit.*, p. 18.

conscience. Lorsque j'étais aumônier des parlementaires, il est arrivé que des députés et des sénateurs me consultent avant un vote particulièrement sensible ; je me suis efforcé de les aider à réfléchir, à discerner, mais sans me substituer à l'engagement de leur conscience. J'entends encore un député m'interroger au téléphone, presque dépité : « Mais vous ne me dites pas comment voter ? » ; et moi de lui répondre : « J'ai tenté de vous éclairer, maintenant c'est à vous d'exercer votre responsabilité, en conscience. »

Le bienheureux Jean-Paul II, à l'âme forgée par des décennies de résistance spirituelle au totalitarisme communiste, s'est montré particulièrement sensible à cette réalité. « Dans l'obéissance à la conscience se trouve la clé de la grandeur morale de l'homme[1] », déclare-t-il dans le cadre de la retraite qu'il a prêchée au Vatican en 1976, alors même que l'Église en Pologne connaissait encore menaces et persécutions. Le drame d'une part de l'humanité contemporaine, c'est qu'elle semble avoir perdu le code d'accès à sa propre conscience, à sa propre intériorité. C'est un drame éternel : saint Augustin ne rapporte-t-il pas dans ses *Confessions* qu'ayant interrogé sur Dieu l'ensemble de l'univers, il l'a découvert en lui-même après avoir pris conscience – l'expression courante est décidément suggestive – qu'il s'était exilé dans l'extériorité ? Pascal, dans la veine augustinienne qui est la sienne, met en garde contre le « divertissement », c'est l'un des fragments les plus célèbres de

1. Karol Wojtyla, *Le Signe de contradiction*, *op. cit.*, p. 180.

ses *Pensées*. Hannah Arendt, opposant le divertissement précisément à la culture, nous l'avons vu, pressent que notre époque, submergée d'images et de bruits, sera sans doute le règne par excellence – si l'on peut dire – de l'extériorité.

En cherchant à persévérer dans la prière, les chrétiens travaillent à leur survie spirituelle personnelle mais rendent aussi, pour toute la société et avec d'autres, un témoignage indispensable en faveur de la conscience et de l'intériorité. On tremble par contraste en lisant certains récits de politiques qui, étourdis, enivrés de voyages, de réunions et de conciliabules, semblent ne donner aucun espace au discernement intime de la conscience. Et que dire de ceux qui en théorisent la marginalité voire l'inexistence ? Lors du premier pèlerinage des élus à Lourdes, Mgr Nicolas Brouwet, devenu depuis l'évêque de cette quasi-capitale spirituelle de notre pays, proposa une conférence très appréciée sur le « discernement éthique du responsable politique ». Sa première recommandation fut de chercher, face aux décisions difficiles, à creuser pour soi-même et en soi-même un espace de liberté, de restaurer la profondeur intérieure de la conscience.

Le questionnement intime de la conscience fait parfois irruption dans des vies paisiblement exilées dans la superficialité, par l'expérience de la souffrance. « Il faut sans doute [pour rencontrer Dieu] l'expérience du mal, l'expérience jobienne, et cette expérience critique cruciale qu'est la “nuit de l'esprit” qui délivre de tous les dogmatismes, fait place nette dans l'âme et, à un certain moment, la rend capable d'entendre dans tout son relief la Parole de Dieu[1] », écrit Philippe Nemo. Il ne s'agit pas ici de faire l'éloge de la souffrance, au risque d'encourir un procès légitime en dolorisme de mauvais aloi, mais de découvrir au contraire dans la saine rébellion intime contre la souffrance – celle de Job criant vers Dieu (le personnage représenté par Picasso en haut à droite de *Guernica*, les bras tendus vers le ciel en est pour moi l'illustration) – une porte d'entrée vers l'existence authentique. « L'éthique biblique, souligne Philippe Nemo, apporte une sensibilité inédite à la souffrance humaine, un esprit de *rébellion contre l'idée de la normalité du mal*[2]. » L'assomption chrétienne de la souffrance ne passe pas par la soumission à quelque « dogmatisme » que ce soit – celui des amis de Job, par exemple, dans le livre biblique éponyme – mais par une « netteté », une liberté intérieure qui permet d'accueillir la Parole de Dieu pour ce qu'elle est, une source d'espérance inégalable.

La souffrance est une expérience humaine inévitable, fût-ce de manière indirecte, à moins de s'anesthésier le cœur et l'esprit. C'est ce qui se passe précisément dans *Le Meilleur des mondes* d'Aldous Huxley, dont les habitants se bourrent de calmants, les « comprimés de soma », pour échapper non seulement à la conscience de leur propre détresse mais aussi à son possible dépassement par la libre ouverture à plus grand que le monde. Avec une prescience

1. Philippe Nemo, *La Belle Mort de l'athéisme moderne*, *op. cit.*, p. 69.
2. *Ibid.*, p. 76.

surprenante, Huxley avait anticipé la surconsommation contemporaine d'anxiolytiques et d'antidépresseurs. Il ne s'agit pas ici de remettre en cause les bienfaits d'une psychiatrie médicamenteuse bien tempérée mais d'interroger le syndrome dépressif global qui fragilise notre société. Les anxiolytiques de toutes sortes, à commencer par la surconsommation d'images, d'informations et de bruits, sont une manière d'échapper à la souffrance peut-être mais aussi et surtout d'échapper à soi-même et à la vraie guérison intérieure, à la paix avec soi par la paix avec Dieu.

Qu'est-ce qui nous fait souffrir ? Les douleurs du corps et les tourments de l'âme, le sentiment désespérant d'une solitude et d'un abandon sans fin. La force essentielle de la foi chrétienne est paradoxalement de ne pas répondre à ce scandale du mal par des explications, nécessairement inaudibles et blessantes quand le mal est profond, mais par la compassion de Jésus sur la Croix. La vérité de la Rédemption se donne dans la charité, c'est-à-dire, dans le vocabulaire chrétien, l'amour au sens le plus fort du terme. Un des grands paradoxes de l'Évangile, c'est que l'espérance ultime y jaillit du cri désespéré de Jésus sur la Croix : « Mon Dieu, mon Dieu, pourquoi m'as-tu abandonné[1] ? » Désormais, aucun abandonné du monde ne sera abandonné de Jésus, Dieu lui-même qui partage et qui porte toute souffrance humaine, tout sentiment et toute expérience d'abandon. Croire en lui c'est se savoir aimé de lui, c'est faire l'expérience intime, en

1. Matthieu 27, 46.

conscience, de l'embrassement ultime de l'amour et de la vérité. « En dehors de l'Évangile, l'homme demeure une interrogation dramatique sans réponse suffisante », a pu écrire Jean-Paul II[1], en écho à la protestation brûlante de saint Pierre dont il fut le proche et lointain successeur : « À qui irions-nous, Seigneur ? Tu as les paroles de la vie éternelle[2] ! » C'est une grâce mystérieusement offerte à celui qui ne se fuit pas lui-même et à qui l'Évangile a été annoncé que de le découvrir. Encore faut-il ne pas faire le choix de l'inconscience, de l'extériorité à soi, de la souffrance acceptée, résignée de l'exil spirituel.

On disserte souvent sur le concept de « chrétienté ». Il s'agirait pour les uns d'un âge d'or, pour les autres d'années ou de siècles noirs, mais pour les uns comme pour les autres d'une domination généralisée de l'Église catholique sur les institutions, la culture et les esprits à travers toute l'Europe et tout au long de l'immense Moyen Âge. Certains étendent la « chrétienté » à tout le monde occidental ou évangélisé et considèrent qu'elle a duré jusqu'à tout récemment. Au point que certains observateurs patentés ont le sentiment de proférer un oracle à la fois révolutionnaire, ultralucide et incroyablement courageux en déclarant que « nous ne sommes désormais plus en chrétienté et qu'il faut bien s'adapter à cette situation inédite ». Sans doute cette « chrétienté », célébrée ou repoussée, tient-elle du mythe

1. Jean-Paul II, *Mémoire et identité*, *op. cit.*, p. 139.
2. Jean 6, 68.

et n'a-t-elle jamais vraiment existé. L'histoire et la géographie sont des réalités trop complexes, au sens le plus positif du terme, pour être enfermées dans de telles simplifications, même si bien sûr elles ont leur part de vérité. Il y a, à travers l'espace et le temps, je l'ai déjà souligné, des flux et des reflux diversifiés de vitalité chrétienne. Prendre conscience de cela, c'est se libérer de nostalgies ou de fuites en avant à la vérité équivalentes dans leur défaut de réalisme spirituel.

Mais, aujourd'hui comme hier, le beau mot de « chrétienté » demeure un projet indispensable, une mission : il ne s'agit pas d'enfermer la société dans un carcan ecclésiastique mais d'ouvrir l'humanité enfermée dans sa solitude à l'amour révélé par le Christ. C'est ce projet et cette mission que le solide curé de Torcy résume avec ferveur pour le frêle curé d'Ambricourt chez Bernanos : « Eh bien mon garçon, si l'on nous avait laissés faire, nous autres, l'Église eût donné aux hommes cette espèce de sécurité souveraine. Retiens que chacun n'en aurait pas moins eu sa part d'embêtements. La faim, la soif, la pauvreté, la jalousie, nous ne serons jamais assez forts pour mettre le diable dans notre poche, tu penses ! Mais l'homme se serait su le fils de Dieu, voilà le miracle ! Il aurait vécu, il serait mort avec cette idée dans la caboche – et non pas une idée apprise seulement dans les livres, – non. [...] Ça n'aurait pas empêché l'ouvrier de gratter la terre, le savant de piocher sa table de logarithmes ou même l'ingénieur de construire ses joujoux pour grandes personnes. Seulement nous aurions aboli, nous aurions arraché du cœur d'Adam le sentiment de sa solitude[1]. »

Pour accueillir et partager cet amour de Dieu, il nous faut cultiver ou retrouver le goût de la vérité. J'ai déjà évoqué les itinéraires de Jacques Maritain et d'Edith Stein, partis pourtant de très loin mais dont la rencontre avec le Christ a été particulièrement lumineuse. L'un et l'autre étaient habités par une soif de vérité, par une exigence intellectuelle et personnelle qui, dans un premier temps, pouvaient sembler leur fermer les portes de la foi mais qui au final n'ont fait que les leur ouvrir davantage. Il n'est pas facile de prendre de front le relativisme objectif de notre temps, mais il est souvent possible de dépasser au moins le relativisme subjectif ambiant, c'est-à-dire le manque de sérieux ou d'engagement dans la recherche de la vérité.

Dans son dialogue avec Paolo Flores, Benoît XVI parle de « vocation de l'homme à la vérité, à la sincérité[2] ». Si la sincérité n'est pas toujours la condition suffisante de la découverte de la vérité, elle en est le préalable nécessaire et prometteur. Il y a une vingtaine d'années, j'ai eu la grâce de faire un voyage instructif en Albanie, qui sortait à peine d'un demi-siècle du communisme le plus implacable. Les jésuites italiens qui venaient de rouvrir le séminaire m'ont expliqué qu'avant de commencer à former de futurs prêtres, ils voulaient, par un lycée de qualité, renouveler une capacité de vérité chez les jeunes qu'ils

1. Georges Bernanos, *Journal d'un curé de campagne*, *op. cit.*, p. 1045.

2. Joseph Ratzinger, Paolo Flores d'Arcais, *Est-ce que Dieu existe ?*, *op. cit.*, p. 42.

accueillaient. Des décennies de délation, de mensonge, y compris pour se protéger ou pour défendre les siens, avaient gravement blessé cet essentiel de l'âme que constitue la disposition à la vérité. L'hyperbole totalitaire met en lumière ce qui se joue dans les cœurs et les esprits prisonniers de toutes les formes de mensonge et de violence. Il nous faut donc nous aussi réapprendre le goût de la vérité. Même si tout ne nous y aide pas aujourd'hui, la multiplication des sources d'information, l'abondance des communications et une exigence renouvelée de transparence, correctement assumées, peuvent nous y inciter. Contrairement à ce qu'affirmait Jean-François Kahn sur le plateau d'« Apostrophes », la vérité – ultimement, on peut en faire le pari – l'emporte sur le mensonge.

Cette exigence de sincérité et de vérité doit être prise au sérieux par l'Église elle-même, dans sa manière de vivre et de s'exprimer. C'est tout l'enjeu de la formation : la formation au plus haut niveau bien sûr, dans les facultés de théologie – la France en compte une dizaine et continue de former pour leur service des professeurs de haut niveau –, mais aussi celle qui s'est développée de manière si prometteuse chez les fidèles laïcs depuis une trentaine d'années et qui permet à des foules de baptisés de savourer profondément les trésors de la foi en vue de les partager avec finesse et force en même temps. Une députée polynésienne m'a invité en 2006 – dans le cadre d'une saine laïcité de dialogue – à découvrir les richesses de son territoire et notamment celles du diocèse de Papeete, dont la surface totale est plus grande que l'Europe. À au moins dix heures d'avion de toute ville importante, cette Église, pauvre en prêtres, est d'une vitalité impressionnante car elle s'est construite sur un travail de formation et de formation de formateurs particulièrement ambitieux. Je me souviens avec émerveillement d'un gardien de nuit d'une base de la marine nationale, professeur, en dehors de ses heures de service, de spiritualité et de chronologie biblique. On pourrait évoquer de manière analogue l'extraordinaire organisation du catéchisme dans les communautés portugaises des grandes villes françaises, grâce à laquelle la majorité des Portugais persévèrent dans la foi malgré la déstabilisation de leur émigration.

Au-delà de ce chapitre spécifique de la formation, chacun doit sans cesse examiner sa conscience : le démon du défaut de vérité, sous toutes ses formes, a tôt fait de blesser la vitalité et donc la fécondité profonde des baptisés et de la communauté ecclésiale. La « raison d'Église » est encore moins légitime que la raison d'État pour justifier quelque mensonge que ce soit. Par ailleurs, goûter la vérité, c'est aussi aimer le débat, l'échange paisible et bienveillant, sans idéologie de chapelle et sans police de la pensée. « En milieu chrétien, n'avons-nous pas perdu l'habitude de relations franches et directes ? s'interroge dom Samuel, fort de son expérience monastique. Dès lors que vous y affirmez, un peu haut, des convictions qui vous tiennent à cœur parce qu'elles vous semblent justes, face à d'autres qui ne les partagent pas, vous êtes automatiquement soupçonné de manquer de charité[1]. »

1. Dom Samuel, *De tout cœur*, *op. cit.*, p. 91.

Les chrétiens ne peuvent oublier que Jésus s'est présenté comme « le chemin, la vérité et la vie »[1]. Il l'a fait en réponse à une question de son apôtre Thomas, l'incrédule, « dont le nom signifie jumeau »[2], le frère jumeau de toutes les difficultés à croire, celui dont les questions rejoignent celles de l'humanité la plus sceptique ou rebelle, le représentant de l'objection relativiste dans le collège apostolique naissant. Jésus, étranger à tout simplisme, se dit par ces trois noms qui s'enrichissent mutuellement : la vérité plénière n'est ni un slogan qui se suffirait à lui-même ni un pur concept qui ne ferait qu'augmenter la science de celui qui le maîtriserait ; elle est une recherche qui fait vivre celui qui s'en approche. L'amitié avec Jésus passe par le goût de la vérité ; l'amour de la vérité est, d'une manière ou d'une autre, une amorce d'ouverture à la lumière de Dieu. Voilà pourquoi la vérité n'est pas une réalité qui exclut ou qui divise. Elle est au contraire le creuset de la rencontre et du partage. Une des réalités salutaires que les chrétiens cherchent à vivre pour l'offrir à ceux qui les entourent, c'est que l'amour de la vérité et la vérité de l'amour sont les conditions du bonheur et de la paix.

1. Jean 14, 6.
2. Jean 20, 24.

V

Homme et femme Il les créa

Parmi ces vérités fondatrices, source vitale d'amour et de paix, que notre époque relativiste peine à accueillir, il y a le mystère de l'homme et de la femme. Rien n'est plus beau, rien n'est plus décisif pour la survie et la joie de l'humanité que cette unité dans la différence. Il s'agit d'un « mystère », au sens que j'ai précisé plus haut, c'est-à-dire une réalité si riche qu'on n'a jamais fini de la comprendre. Cette vérité est aujourd'hui remise en cause comme jamais, au motif qu'elle serait à la fois archaïque et oppressive. Michel Foucault voyait dans la vérité comme telle une prétention malfaisante à la domination. La distinction sexuelle serait, pour certains de nos contemporains, la vérité par excellence à dépasser pour sortir de l'« hétérosexisme » inévitablement aliénant de notre société.

Considérer la distinction sexuelle comme une des réalités les plus significatives de l'expérience humaine, fût-ce pour la remettre en cause, c'est, à défaut de terrain d'entente, ouvrir un terrain de débat. L'Église, contrairement à ce que certains peuvent imaginer, est à l'aise, heureuse sur ce terrain. Car la raison et la foi se conjuguent pour aimer et décrypter le mystère de l'homme et de la femme comme un mystère de respect et de promotion réciproque. Sait-on que le premier émerveillement biblique est celui de l'homme découvrant la splendeur de la femme[1] ? Le Cantique des cantiques, poème d'amour ardent et hardi, qui s'est glissé comme par effraction dans les pages de la Bible, ne constitue selon certains rabbins que le commentaire enflammé de cet émerveillement premier. Le rapport au corps bien sûr, mais aussi la relation à Dieu et aux autres sont bel et bien impliqués dans une juste perception de la différence sexuelle. L'émerveillement mutuel de l'homme et de la femme est un des lieux anthropologiques les plus sensibles, dont notre humanité ne peut perdre le sens sans risquer de se perdre elle-même et dont la foi chrétienne peut largement contribuer à remettre en lumière la beauté salutaire.

« Pour la culture humaine, ce qui est essentiel, écrivait Jean-Paul II, nous l'avons vu plus haut, c'est non seulement la connaissance que possède l'homme sur le monde extérieur, mais aussi celle qu'il a de lui-même. » Et le pape polonais, le pape philosophe, le pape phénoménologue d'ajouter : « Une telle connaissance de sa propre vérité porte aussi sur la double caractéristique de l'être humain : "Homme et femme il les créa" (Genèse 1, 27)[2] ». Un socratisme authentique passe donc par l'expérience consciente et appro-

1. Genèse 2, 23.
2. Jean-Paul II, *Mémoire et identité*, *op. cit.*, p. 100.

fondie d'être homme ou femme. La psychanalyste Marie Balmary, qui s'est fait une spécialité d'écouter les textes fondateurs de notre culture, sans exclusive, avec l'attention d'un thérapeute pour ses patients, développe un talent pédagogique et une profondeur exceptionnels pour apprendre ou réapprendre à « lire la différence des sexes ». Ce qui est premier, c'est qu'aucun humain ne peut prétendre à lui seul faire l'expérience de la condition humaine dans son intégralité. Il a besoin en particulier de l'autre sexe, rencontré, aimé, pour enrichir sa propre perception. Ce manque n'est pas une pauvreté mais une richesse. « La différence, explique Marie Balmary, est au service de la relation qui n'est pas absorption de l'autre, qui est épreuve d'un manque, qui appelle une alliance [...]. Un homme, poursuit-elle, ne sait jamais ce que c'est que d'être une femme et réciproquement. Il y a une inexpérience, une inconnaissance radicale entre eux [...]. La différence des sexes apparaît comme le modèle premier – le paradigme – de toutes les autres situations d'altérité[1]. »

Marie Balmary ne se lance pas dans l'énumération de traits psychologiques réputés typiquement féminins ou masculins, tels qu'on les trouve par exemple dans le best-seller de John Gray, *Les hommes viennent de Mars et les femmes de Vénus*[2] : ils sont parfois instructifs mais trop superficiels et aléatoires pour être pleinement convaincants. L'essentiel ne se situe pas

1. Marie Balmary, « Lire la différence des sexes », *Projet*, juillet 2005.

2. John Gray, *Les hommes viennent de Mars et les femmes de Vénus*, Paris, Michel Lafon, 2004.

là mais dans l'expérience de ne pas être homme ou de ne pas être femme, et de trouver dans cette apparente pauvreté la véritable richesse. « "Tu" es un autre, "Je" ne te sais pas. Grâce à cela, je peux te croire. Toute différence demande d'accueillir ce que l'autre dit sans pouvoir le vérifier d'après sa propre expérience. Il y aura une part de ta vie dont je ne saurai que ce que toi, tu voudras bien m'en dire. C'est cela, se connaître bien mutuellement, se connaître sans se manger. Se connaître par le croire, non par le savoir[1]. » L'expression : « "Je" ne te sais pas » est particulièrement suggestive. La différence sexuelle, acceptée, approfondie, aimée, ouvre le champ de la confiance, interdit d'en rester à des rapports de possession ou de domination. La volonté de puissance, destructrice de ceux qu'elle veut dominer comme de ceux qu'elle domine, se brise sur l'« inconnaissance » radicale et paradoxalement bienheureuse de la différence sexuelle, qui invite au choix éthique de vivre en société.

Pourquoi, dès lors, les remises en cause contemporaines, véhiculées par une partie des *gender studies* et par les injonctions pédagogiques militantes qu'elles suscitent ? Sans doute, à certains égards, à cause de la peur que la valorisation de la différence sexuelle soit la cause ou l'alibi de la domination masculine. « Certains, parmi, disons, les intellectuels, écrit Marie Balmary, en viennent à penser que la différence nous coûte trop cher. Qu'elle est source d'iniquités, qu'elle rend impossible la juste répartition des pouvoirs et

1. Marie Balmary, *art. cit.*

des libertés entre les humains[1].» Ce diagnostic, que certaines habitudes culturelles à travers l'espace et le temps semblent en effet accréditer, comme le suggère Marie Balmary elle-même, est trop court : la domination masculine n'est-elle pas au contraire la négation de la différence sexuelle ? Elle constitue en effet de la part des hommes un refus de reconnaître qu'ils ont besoin des femmes, qu'ils ne peuvent sans profonde considération pour elles faire une expérience authentique de la condition humaine. Sylviane Agacinski, avec la rigueur et la vigueur intellectuelles qui caractérisent sa ferveur féministe, dénonce le danger que Judith Butler, la grande prêtresse des *gender studies*, et ses épigones font courir à la cause des femmes : «En niant, ou en déniant, les fondements biologiques de la distinction de sexe, on compromet toute possibilité de comprendre la construction des formes historiques de la servitude des femmes, qu'elles soient anciennes (avec la famille patriarcale) ou modernes (avec le marché prostitutionnel ou le marché biologique du corps féminin). [...] Si les femmes n'ont rien en commun, comme le soutient Judith Butler, le féminisme n'a plus de sens. Cette expression n'est pas l'expression d'un "féminisme subversif", mais celle d'une *subversion du féminisme*[2].»

La relativisation radicale de la distinction sexuelle serait aussi, pour certains, la protestation par excellence de la liberté humaine contre les injonctions, par

1. *Ibid.*

2. Sylviane Agacinski, *Femmes entre sexe et genre*, Paris, Seuil, «La librairie du XXIe siècle», 2012, p. 10.

définition liberticides, de la nature. La culture au sens plein du terme ne pourrait pas advenir sans cette ultime transgression. À cette objection également, Sylviane Agacinski répond avec une lumineuse fermeté : « L'acharnement que certains mettent aujourd'hui à vouloir exclure *a priori* toute relation entre la vie et la culture relève d'un obscurantisme, d'inspiration théologique, qui place l'homme en dehors et au-dessus de la nature, et la culture dans une position quasi transcendantale [...]. Opposer le culturel au biologique, c'est fabriquer l'un et l'autre, alors qu'ils ne sont jamais donnés séparément[1]. » Cette opposition du « culturel » au « biologique » a été constamment présente lors du débat parlementaire sur le « mariage pour tous » : à ceux qui insistaient sur la « nature » de la filiation, indissociable de la distinction sexuelle, il était systématiquement répondu qu'ils avaient une conception archaïquement naturaliste, exclusivement biologique, voire quasi bestiale, de l'existence humaine. Il y a dans cette réaction un défaut de culture philosophique minimale : la « nature », au sens anthropologique, juridique, philosophique du terme, ne se limite pas à la biologie, même si elle assume cette dimension fondatrice de la réalité. La « nature » désigne la profondeur des êtres, dans leur origine mais aussi dans leur dynamisme comme le signale la trace d'un participe futur latin dans les deux dernières syllabes (na*ture)*. L'« obscurantisme théologique », dénoncé par Sylviane Agacinski avec beaucoup d'esprit, oppose nature et

1. *Ibid.*, p. 45.

culture tandis que le réalisme libérateur scrute la réalité telle qu'elle se « donne », comme la phénoménologie nous y invite et nous y aide depuis plus d'un siècle. Il ne s'agit pas de défendre des stéréotypes archaïques mais de percevoir la « profondeur des sexes[1] ».

Quoi qu'il en soit de ces réflexions, beaucoup penseront que l'Église et les croyants en général sont mal placés pour plaider la cause des femmes comme celle du corps sexué : n'y a-t-il pas dans les religions, et dans le catholicisme en particulier, un indéniable et indépassable mépris de la sexualité et de la dignité des femmes ? Nous avons vu plus haut Michel Onfray énumérer et dénoncer une série de haines à ses yeux congénitalement religieuses : « haine de la sexualité, des femmes et du plaisir ; haine du féminin ; haine du corps, des désirs, des pulsions[2] ». À ces lieux communs combatifs mis en forme philosophique, Matthieu Baumier répond en ouvrant la Bible : « La beauté et la sensualité de la femme devenue Sulamite du Cantique des Cantiques ne sont pas rares dans le texte [biblique]. Les femmes à la féminité affirmée sont nombreuses, dans un livre pourtant issu d'une société patriarcale. Esther, Rachel, Rebecca ou Ruth sont de très belles femmes. Judith aussi. À tel point qu'elle séduit Holopherne, général des armées de Nabuchodonosor, et s'offre à lui pour sauver Bétulie. Cette femme est une femme *émancipée*, seule, céli-

1. Fabrice Hadjadj, *La Profondeur des sexes. Pour une mystique de la chair*, Paris, Seuil, 2008.

2. Michel Onfray, *Traité d'athéologie*, *op. cit.*, p. 103.

bataire et libre. Ni pute ni soumise[1].» Georgette Blaquière poursuit, en femme, l'enquête dans l'Évangile : elle considère la guérison par Jésus d'une «femme courbée», qui «ne pouvait absolument pas se redresser[2]», comme le paradigme du rapport christique et chrétien à l'égard des femmes[3]. Le mépris des femmes serait une des manifestations essentielles de ce mystérieux dérèglement du monde que les chrétiens désignent par «péché originel». Un des signes du salut, accompli dans le Christ, consisterait précisément dans le «redressement» – ce qui, en termes évangéliques, évoque toujours la résurrection –, le rétablissement des femmes dans leur dignité. Le féminisme authentique serait un fruit – particulièrement significatif – de la révélation, de la révolution chrétienne.

Comment oser prétendre cela alors que le féminisme moderne semble s'être construit précisément contre un système de valeurs réputées catholiques ? Sans doute en va-t-il du féminisme comme de la laïcité : en dépit des apparences, liées notamment à un défaut de profondeur chrétienne des catholiques eux-mêmes, il s'agit d'un fruit du christianisme, une part de son «génie» ; une sorte d'adolescence perpétuelle continue d'opposer le féminisme à sa source : ce déni d'origine en vient en fait aujourd'hui à le mettre en danger. Ce n'est pas pour rien que l'attention à la

1. Matthieu Baumier, *L'Anti-Traité d'athéologie. Le système Onfray mis à nu*, *op. cit.*, p. 47.
2. Luc 13, 10-13.
3. Georgette Blaquière, *La Grâce d'être femme*, Paris-Fribourg, Saint-Paul, 1993.

dignité des femmes est née dans l'espace culturel chrétien : ce fait géo-anthropologique est indéniable. Depuis les premières pages de la Bible jusqu'à la magnifique lettre apostolique de Jean-Paul II sur *La Dignité et la vocation de la femme*[1], il y a un pacte indestructible entre la vitalité profonde de la foi et le respect, la valorisation des femmes. Jamais, contrairement à ce qu'on ne cesse d'entendre, y compris chez des catholiques décidément trop perméables à la dogmatique ambiante, l'Église n'a prétendu que les femmes étaient dépourvues d'âme : c'est parce qu'à une époque donnée, des croyants déviants en ont douté qu'un concile a eu besoin de le rappeler fermement. Mais l'Église n'avait jamais cessé, en méditant et en chantant durant sa liturgie les cantiques d'Anne[2], de Judith[3] ou de Marie[4], en transmettant l'histoire des grandes saintes de l'Antiquité chrétienne – Scholastique, Blandine, Clotilde, Geneviève et tant d'autres – non seulement de reconnaître l'âme féminine, mais encore d'en scruter la richesse et la beauté singulièrement fécondes.

Mettre en lumière le féminisme foncier de la révélation chrétienne demanderait de commenter l'intégralité de la Bible et du mystère de la foi. Soulignons simplement qu'en redéfinissant le mariage dès ses toutes premières pages, la Bible en fait l'alliance délibérée et symétrique de l'homme et de la femme :

---

1. Jean-Paul II, *La Dignité et la vocation de la femme*, Paris, Cerf, « Documents des Églises », 1988.
2. 1 Samuel 2, 1-10.
3. Judith 13, 17-20.
4. Luc 1, 46-55.

« L'homme quittera son père et sa mère et s'attachera à sa femme, et ils deviendront une seule chair[1] » ; le mariage n'est pas, comme dans l'ensemble des civilisations anciennes, le passage pour la femme de la propriété de son père à celle de son mari, de son clan d'origine à un clan qu'elle viendrait enrichir quasi matériellement ; il est l'alliance personnelle avec un homme qui, lui aussi, symétriquement, quitte son clan pour inaugurer avec sa partenaire une nouvelle histoire. Jésus approfondit cette symétrie dans l'Évangile, en remettant en cause vigoureusement le droit pour l'homme de « répudier » sa femme, de l'abandonner si elle ne lui convient plus[2]. Il a fallu des siècles aux populations laborieusement évangélisées pour s'approprier ces progrès dans la dignité féminine et donc humaine. Il est impressionnant de constater que certaines évolutions récentes du droit français du mariage et du divorce, en réintroduisant une sorte de « répudiation », reviennent en arrière par rapport au degré de protection des femmes appelé par l'Évangile. Ce point n'est pas anecdotique : coupé de sa racine biblique, y compris au nom du féminisme lui-même, l'humanisme contemporain peut s'avérer destructeur ou menaçant pour la dignité des femmes. C'est ce que suggère Sylviane Agacinski en dénonçant notamment « le marché prostitutionnel ou le marché biologique du corps féminin ».

Depuis combien de temps l'administration française, laïque et républicaine, ouvre-t-elle des postes

1. Genèse 2, 24.
2. Matthieu 5, 31-32.

de direction de premier plan aux femmes ? Depuis quelques décennies, voire, dans certains domaines, depuis quelques années. Il y a des siècles en revanche que des femmes, consacrées en particulier, dirigent monastères, hôpitaux et écoles dans l'orbite de l'Église catholique. Régine Pernoud, célèbre et enthousiaste médiéviste[1], auteure d'une étude fameuse sur *La Femme au temps des cathédrales*[2], a décrit dans *Les Saints au Moyen Âge*[3], les monastères « mixtes » dont les sublimes constructions de Fontevraud nous laissent aujourd'hui encore une trace. Une communauté féminine voisinait avec une communauté masculine sous la responsabilité ultime d'une abbesse, les moines assurant pour les moniales le double service des travaux de force et de la célébration de la messe. Sainte Catherine de Sienne, évoquée par Clavel à propos du palais des papes d'Avignon, a prêché en Toscane – le monastère de San Antimo en cultive la mémoire – devant près de vingt mille auditeurs. Par son seul charisme, elle est parvenue à convaincre le souverain pontife de rentrer à Rome et elle a contribué à résorber un schisme. Edith Stein, déjà mentionnée, philosophe, féministe militante, a été déçue par son travail d'assistante auprès de Husserl mais s'est accomplie comme carmélite à Cologne, la figure extraordinaire – d'autorité, de féminité, d'énergie spirituelle – de sainte Thérèse d'Avila ayant touché son

1. Voir en particulier, Régine Pernoud, *Pour en finir avec le Moyen Âge*, Paris, Seuil, 1977.
2. Id., *La Femme au temps des cathédrales*, Paris, Stock, 1980.
3. Id., *Les Saints au Moyen Âge : la sainteté d'hier est-elle pour aujourd'hui ?*, Paris, Plon, 1984.

cœur et bouleversé sa vie[1]. Madeleine Daniélou a suscité il y a cent ans une communauté de femmes de cœur et de tête pour offrir avec un zèle militant, au meilleur sens du terme, une éducation d'excellence aux jeunes filles des familles aisées comme des milieux les plus défavorisés[2].

On pourrait développer longuement cette litanie. Mais la mentalité contemporaine n'en cesserait pas pour autant d'achopper sur le caractère exclusivement masculin du sacerdoce et de l'épiscopat. Je me souviens sur ce point d'un journal télévisé particulièrement piquant lorsque les Anglicans ont décidé d'ouvrir leur sacerdoce aux femmes. Une journaliste avait dû penser que l'auteure de *La Femme au temps des cathédrales* précisément, dont elle n'avait manifestement pas lu l'ouvrage de près, serait nécessairement une suffragette catholique, spontanément disposée à jouer le rôle qu'on voulait lui assigner : en appeler vertement à un alignement catholique sur la pratique anglicane et sa « modernité ». Quelle ne fut pas la surprise – et la déception – de la présentatrice quand Régine Pernoud expliqua paisiblement et fermement qu'elle regrettait la décision anglicane, que celle-ci lui semblait constituer un contre-sens théologique et anthropologique à la fois regrettable et dangereux !

1. Sur les itinéraires contemporains de femmes consacrées, voir Inès de Warren, *Cet amour que le monde oublie*. Préface de Chantal Delsol, Paris, Salvator, 2013.

2. Voir le témoignage de Marguerite Lena, « Une différence créatrice. Éduquer des femmes », *in* Michèle M. Schumacher (sous la direction de), *Femmes dans le Christ. Vers un nouveau féminisme*, Toulouse, Éditions du Carmel, 2003, p. 401-416.

Ce qui est en cause dans ce malentendu historique – souvent grave et douloureux, j'en ai bien conscience – entre la pratique catholique du sacerdoce et la promotion de l'égalité des femmes est décisif non seulement pour la cause des femmes mais aussi pour une juste compréhension du sacerdoce. La question – légitime – que beaucoup se posent est : « Pourquoi les femmes n'exerceraient-elles pas d'autorité dans l'Église ? » La réponse qu'on peut leur apporter est tout d'abord qu'un certain nombre de femmes exercent bel et bien une autorité dans l'Église : comme supérieures de communautés religieuses bien sûr, mais aussi comme responsables, diocésaines voire nationales, de la communication, de la catéchèse, des aumôneries d'hôpitaux, des finances, de la formation, des affaires juridiques, etc. Plus profondément, il s'agit de comprendre que le sacerdoce catholique ne s'inscrit pas dans une logique de pouvoir mais dans une perspective sacramentelle ; la mission des prêtres ne consiste pas à tout régenter mais à témoigner de la présence vivante du Christ dans l'Église pour le monde. Le Christ n'a pas été un être humain générique ; en s'incarnant, il a épousé la bienheureuse et fondamentale différence sexuelle, assumant la pauvreté de ne pas être femme et la dynamique d'alliance respectueuse et aimante qu'elle induit. Ses contacts particulièrement simples et libres avec les femmes en sont le signe[1]. La question du coup se déplace : le manque de féminisme authentique du fonctionnement ecclésial ne tient pas au caractère masculin du sacer-

1. Luc 8, 1-3.

doce mais à l'excès de cléricalisme, soit que des prêtres se comportent en petits chefs, soit que des fidèles peinent à assumer pleinement leur responsabilité baptismale.

Aux yeux du monde, l'Église est comme une pyramide : au sommet, le pape, puis les évêques, puis les prêtres, puis les diacres, puis les « simples » fidèles « de base ». La réalité est tout autre : on peut en effet comparer l'Église à une pyramide mais à une pyramide retournée. Le pape est « le serviteur des serviteurs de Dieu », selon la belle expression de saint Grégoire le Grand. À la base de la pyramide, il est au service de l'unité, de la fidélité et de la joie de ses frères évêques, comme ces derniers le sont pour les prêtres et les diacres. Tous ces « ministres », c'est-à-dire serviteurs, ont à travailler au bonheur de croire et d'aimer des fidèles appelés eux-mêmes à rayonner dans le monde. Les baptisés ne sont pas des fidèles de la base mais du sommet, c'est-à-dire de la communion vivante, libre, transformante avec Dieu lui-même, qui « commande » au sens fort du terme toute la vie de l'Église. Une conversion est sans cesse nécessaire pour passer de la logique spontanée du pouvoir à celle du service, de la politique à la mystique pour reprendre à nouveau les mots si précieux de Péguy, de la volonté de puissance au désir de communion. Quand le pape François enjoint aux prêtres et aux évêques de renoncer à tout carriérisme, il ne se situe pas d'abord ou seulement sur le plan moral mais sur celui de la nature même de l'Église : la position désirable, au sens le plus fort du terme, n'est pas celle du « chef » mais celle de l'intimité profonde avec le

Christ, source la plus riche de joie, de fécondité et de paix. Il s'agit de viser non l'autorité mais la sainteté.

Cette conversion, ce retournement des valeurs et des attitudes est extrêmement difficile à vivre et à mettre en œuvre, et donc à accréditer aux yeux du monde. Sans cesse, on suspectera l'Église de masquer son machisme congénital sous le voile peu crédible de la piété. Raison de plus pour les chrétiens de travailler constamment à sortir de la « mondanité » – pour reprendre ce thème johannique et « franciscain » (au sens du pape François) – d'un rapport souvent idolâtrique au pouvoir. C'est décisif pour la crédibilité de l'Église elle-même mais aussi pour le monde, incroyablement prisonnier des logiques de domination. Quand les chrétiens parviennent à donner un témoignage de véritable communion, ils contribuent à libérer l'humanité de la tyrannie des volontés de puissance. Mais cela n'est possible que si les clercs assument vraiment l'« inconnaissance » radicale de n'être « que » prêtres, de ne pas être femme en particulier et d'accueillir avec reconnaissance, au double sens du terme, ce dont ils n'ont pas l'expérience directe. Voilà pourquoi la liturgie romaine antique a inventé, aussi surprenant que cela puisse paraître, des siècles avant le législateur français, la parité ; quand elle énumère les martyrs à l'intercession desquels le prêtre célébrant se confie, la prière eucharistique nomme avec un parallélisme rigoureux sept hommes puis sept femmes. « Il me semble particulièrement significatif que le canon romain nomme ces saintes femmes précisément dans sa prière pour les prêtres, commente Benoît XVI.

Le célibat sacerdotal n'a rien à faire avec la misogynie. Pas davantage il ne signifie n'avoir pas de relation avec les femmes. Le processus de croissance intérieure d'un prêtre dépend d'une manière tout à fait essentielle de la juste relation qu'il trouve avec les femmes[1]. »

Il y a quelques années, j'ai présenté à une journaliste politique très attachée à la cause des femmes plusieurs femmes particulièrement actives dans l'Église : l'une était philosophe, engagée à l'Observatoire foi et culture de la Conférence des évêques de France, une autre responsable de la communication d'un diocèse important. Quelques jours plus tard, cette journaliste m'écrivit un mot de remerciement tout en me signalant que ces femmes étaient au fond quantité ou qualité négligeable ; elle qui avait l'habitude de s'adresser directement aux ministres et aux chefs de parti ne serait convaincue par le féminisme chrétien que si elle rencontrait dans l'Église des femmes de même niveau, c'est-à-dire dans son esprit des évêques. Le contre-sens de cette journaliste, compréhensible mais attristant, était d'en rester à une logique politique voire politicienne, de tout juger par ce prisme déformant. J'ai regretté pour ma part de ne pas être parvenu à donner un témoignage suffisamment convaincant de la prééminence de la communion sur la hiérarchie dans la vie de l'Église. Mais j'ai été par contraste le témoin émerveillé de la véritable conversion d'une femme politique, engagée à gauche,

1. Joseph Ratzinger *et al.*, *Mission et formation du prêtre*, Namur, Culture et vérité, 1990, p. 20.

ayant participé avec intensité à « tous les combats des femmes », comme elle me l'a dit lors de notre première véritable rencontre, et qui s'est découverte, je crois assez spontanément, chez elle, reconnue dans l'Église. C'est une liturgie, présidée par un homme, mais rassemblant dans la joie et la foi la communauté chrétienne dans toute sa diversité qui a touché son cœur et lui a donné le goût de rencontrer le Christ, ce qu'elle a commencé de faire guidée fraternellement par une baptisée et des prêtres.

Le concile Vatican II a beaucoup insisté sur l'Église comme mystère de communion et non pas d'abord structure de fonctionnement. Il se ressourçait dans les racines de la foi, qui valorisent non seulement la responsabilité de Pierre mais aussi, voire surtout, le témoignage d'amour et de foi de Marie. Si Jean-Paul II avait une piété mariale particulièrement vive, ce n'était pas par goût immodéré pour les dévotions sentimentales et surannées, comme certains esprits forts ont eu la sottise de l'affirmer – j'ai participé à un débat radiodiffusé pénible sur ce point le surlendemain de la mort du pape polonais –, mais parce que précisément il subordonnait sa responsabilité hiérarchique de successeur de Pierre à la foi mariale de toute la communauté chrétienne. Le « *totus tuus* » (« tout à toi ») de sa devise prend, dans cette logique, une impressionnante ampleur de signification. « On comprend, écrit la bibliste et théologienne Anne-Marie Pelletier [...], qu'il puisse être ruineux pour une saine ecclésiologie de s'en prendre aux vues contemporaines plaidant l'idée d'un *gender* qui neutralise finalement la différence homme-femme[1].» Si la différence sexuelle, comme nous l'avons vu avec Marie Balmary, est une des sources essentielles de l'écoute, du respect, de l'intériorité, la dévaloriser conduit à blesser ce que l'Église a de plus précieux. Mais il n'est pas suffisant d'éviter la dévalorisation formelle : il faut s'attacher ardemment à valoriser positivement dans l'Église le rapport homme-femme et tout ce qu'il offre et signifie. Les *gender studies*, aussi défaillantes soient-elles, peuvent constituer une bonne nouvelle si elles incitent les chrétiens à approfondir, à se réapproprier le mystère de l'homme et de la femme pour mieux en témoigner.

À supposer que je me sois suffisamment expliqué sur la «haine du féminin» dénoncée par Michel Onfray, il me faut encore faire pièce à la «haine de la sexualité, du plaisir, du corps, des désirs, des pulsions» contre laquelle il s'insurge. Là encore, il y a un malentendu et des préjugés à dépasser. Aucune tradition culturelle ne valorise en effet autant le corps que la Bible. L'homme y est décrit comme l'alliance de la terre et du souffle[2], non pas un esprit tombé dans un corps qui en serait le tombeau comme dans la vision grecque – tous les hellénistes, même restés en herbe, ont en tête le fameux *to soma sèma*[3] – mais l'unité positive et bienfaisante du corps et de l'esprit. Saint Thomas d'Aquin, cherchant à tâtons comment renouveler la vision aristotélicienne de l'individua-

1. Anne-Marie Pelletier, «Pédagogues de l'homme, pour que l'Église soit épouse», *in* Michèle M. Schumacher (sous la direction de), *Femmes dans le Christ. Vers un nouveau féminisme*, *op. cit.*, p. 356.

2. Genèse 2, 7.

3. Ce qui signifie : le corps tombeau.

tion des êtres, fait de l'âme « unissable à un corps » le principe de singularité des humains : un principe à la fois corporel et spirituel. La foi chrétienne en la résurrection du Christ et en la résurrection de la chair, inaugurée par l'assomption de Marie, constitue une hymne à la dignité des corps. L'acte focal de la vie de l'Église, l'actualisation par la messe de la mort et de la résurrection du Christ, est centré sur deux paroles particulièrement charnelles de Jésus : « Prenez et mangez-en tous, ceci est mon corps livré pour vous » ; « Prenez et buvez-en tous, ceci est mon sang versé pour vous. » L'acte paradoxalement le plus intensément spirituel de la vie chrétienne consiste à manger concrètement du pain consacré, le corps du Christ, au cours d'une liturgie riche en gestes et en signes, sonores, olfactifs, visuels, particulièrement sensibles.

Pourquoi dès lors le catholicisme a-t-il pu donner prise à cette réputation de « haine du corps » ? Par défaut de christianisme authentique à nouveau, par « mondanité », par conformation trop peu critique à la pensée grecque contemporaine de sa naissance. L'Église a beaucoup reçu du néoplatonisme des premiers siècles de notre ère, comme le montre par exemple saint Augustin dans ses *Confessions*. Mais il lui a fallu s'affranchir de sa vision restrictive de la divinité, incapable pour la pensée grecque de vraie rencontre avec la mutabilité du monde et de l'histoire, ce qui fut accompli avec le concile de Nicée en 325. De manière diffuse, un mépris ou, pour le moins, un manque de considération pour le corps est resté présent dans certaines approches réputées chrétiennes.

Les disputes théologiques autour de la légitimité et du statut des images, aboutissant à la condamnation des iconoclastes – ceux qui détruisent les images, non pas les esprits libres ! – au concile de Nicée II en 787, ont permis une réflexion positive sur la corporéité mais pas suffisante pour délivrer durablement les chrétiens de la « somaphobie ». Plus récemment, le jansénisme vulgarisé dont j'ai parlé plus haut a surenchéri sur cette dépréciation du corps en guettant maladivement le péché derrière toute expression de sensibilité. Il est vrai que l'expérience enseigne à chacun qu'il n'est pas facile de faire l'unité de son corps et de son esprit : combien d'amoureux sincères n'ont-ils pas été étonnés, blessés, de se sentir charnellement attirés par un autre corps que celui de l'être aimé ? Cette distorsion intérieure, qui s'exprime aussi dans la souffrance physique, est une autre des expressions du dérèglement humain en attente de salut. Le mal cependant ne provient pas du corps lui-même mais du manque d'harmonie de l'âme et du corps, que les chrétiens croient possible de retrouver et d'approfondir par la grâce unifiante de la foi et de la charité.

Quoi qu'il en soit de ce parasitage de l'esprit chrétien authentique par une réticence à l'égard du corps et de ses manifestations, l'Église fondamentalement n'a jamais cessé de valoriser la dignité corporelle de la personne. La consommation du mariage a toujours été considérée non pas comme une concession à la brutalité ou à un érotisme suspect, mais comme le bel accomplissement de l'engagement mutuel des époux. Le Cantique des Cantiques, déjà mentionné plusieurs fois, évoque sans restriction les « cheveux [de la bien-aimée] comme un troupeau de chèvres, ondulant sur les pentes du mont Galaad. [...] Ses lèvres, un fil d'écarlate. [...] Ses deux seins, deux faons, jumeaux d'une gazelle qui paissent parmi les lis[1]. » On raconte qu'à l'assemblée de Jamnia, juste après la destruction du temple de Jérusalem en 70 après Jésus-Christ, des rabbins se sont interrogés sur la pertinence de conserver le Cantique à l'intérieur de la Bible hébraïque ; l'un d'eux – béni soit-il – aurait déclaré : « Le monde entier ne vaut pas le jour où a été écrit le Cantique des cantiques ! » À l'émerveillement devant le corps sexué, il faut ajouter les soins constamment apportés aux corps souffrants. Le fameux évangile du « bon Samaritain », dont le titre est entré dans le langage courant, avait donné le ton en énumérant avec précision les gestes de charité accomplis à l'égard de l'homme roué de coups et détroussé, trouvé à demi mort sur le bord de la route entre Jérusalem et Jéricho : « Il s'approcha, banda ses plaies, y versa de l'huile et du vin, puis le chargea sur sa propre monture[2]. » Depuis l'Antiquité, le soin charnel des malades, le respect des corps en vue du respect des cœurs, comme condition et expression de l'amour des cœurs, fait partie, pour ainsi dire, du code génétique de la charité chrétienne.

De manière significative, les deux derniers papes ont souhaité insister sur cette réalité. Dans sa toute première encyclique, *Dieu est amour*, Benoît XVI a voulu articuler l'amour de l'homme et de la femme,

1. Cantique 4, 1-5.
2. Luc 10, 34.

la charité chrétienne dans toute son ampleur et l'implication concrète et collective en faveur de la justice[1]. De façon très originale, le pape théologien a montré à quel point la dimension proprement « érotique » de l'amour n'est pas, pour la foi chrétienne, repoussée mais assumée, exaltée dans sa dilatation et sa spiritualisation par la charité. Benoît XVI reconnaît l'existence de présentations négatives et restrictives dans l'histoire de l'Église : « Il n'est pas rare aujourd'hui de reprocher au christianisme du passé d'avoir été l'adversaire de la corporéité ; de fait, il y a toujours eu des tendances dans ce sens[2]. » Mais il s'attache surtout à mettre en lumière que l'authentique esprit chrétien passe par la purification mutuelle, l'enrichissement réciproque de l'amour « érotique » et de la charité.

Quant à Jean-Paul II, il restera peut-être dans l'histoire notamment par son approfondissement de la théologie du corps et de l'amour humain. Dès sa jeunesse d'acteur et de dramaturge, on pourrait dire d'avant-garde, Karol Wojtyla a réfléchi de manière originale à l'expérience amoureuse, comme l'atteste sa magnifique pièce de théâtre *La Boutique de l'orfèvre*[3]. Étudiant en philosophie, il s'est mis à l'école de Max Scheler pour entrer dans une approche phénoménologique de la personne déployant son mystère à travers ses actes corporels. Jeune prêtre, il a été

1. Benoit XVI, *Dieu est amour*, Paris, Bayard-Cerf-Fleurus-Mame, « Documents des Églises », 2005.
2. Benoit XVI, *Dieu est amour*, *op. cit.*, § 5.
3. Karol Wojtyla, *Poèmes, théâtre*, Paris, Cana-Cerf, 2011, p. 185-258.

profondément marqué par l'accompagnement des fiancés dans leur préparation au mariage ; à une époque où il était interdit aux prêtres polonais de rassembler des fidèles en dehors de la liturgie, le jeune abbé Wojtyla, par ailleurs sportif enthousiaste, organisait de grandes randonnées dans la montagne pour écouter ces fiancés et leur proposer sa méditation sur l'amour. Devenu pape, Jean-Paul II a multiplié les enseignements sur le corps et sur l'amour humain, à la lumière de l'Écriture et de la philosophie contemporaine[1]. D'année en année, il a élaboré une théologie du corps particulièrement riche qui ne cesse de nourrir ceux qui se plongent dans sa densité[2]. Pour le pape phénoménologue, l'amour conjugal est orienté vers la transmission de la vie et la communion des personnes, qui passe par l'enrichissement réciproque de la communion des cœurs et de la communion des corps. Dans cette logique, le charnel lui-même est spirituel.

Quel contraste, en dépit des lieux communs et des slogans, entre cette glorification des corps par la pensée chrétienne et une forme de mépris contemporain pour le corps ! Jean-Claude Guillebaud a dénoncé dans l'un de ses derniers essais la « haine du corps » des « nouveaux pudibonds[3] ». Tenants des *gender studies*, libertaires et adeptes de la cyberculture se liguent pour prôner une libération radicale à l'égard

1. Jean-Paul II, *Homme et femme Il les créa. Une spiritualité du corps*, Paris, Cerf, 2004.
2. Voir par exemple le site www.theologieducorps.fr.
3. Jean-Claude Guillebaud, *La vie vivante. Contre les nouveaux pudibonds*, Paris, les Arènes, 2011.

du corps comme tel : « Ainsi est apparue, d'année en année, une vraie défiance à l'endroit du corps biologique. Le corps, voilà l'ennemi ! Dans la littérature cyberpunk, ou sous la plume de certains chercheurs passionnés par la robotique ou l'intelligence artificielle, on bute régulièrement sur des propos qui désignent la chair comme une servitude dont il convient de se débarrasser. Elle n'est plus que de la viande (*meat*). Les entrailles humaines sont jugées moins hygiéniques qu'une éprouvette, moins fiables qu'une disquette informatique, moins clean qu'un incubateur. Le corps devient le maillon faible de l'utopie immatérielle[1]. »

Jean-Claude Guillebaud n'est pas en train de rêver, de faire un cauchemar ou de le susciter. On voit bien que les techniques de procréation médicale assistée (PMA – le goût pour l'euphémisme trompeur des sigles est significatif, Orwell et sa « novlangue » l'ont bien montré), nées comme une réponse au drame effectif de la stérilité, tendent de plus en plus à s'ériger en mode alternatif, voire supérieur, de transmission de la vie. Combinée avec la gestation pour autrui (GPA), la PMA pourrait, se réjouissent certains, « libérer » les femmes de la maternité en séparant radicalement les fonctions de génitrice, de gestatrice et d'éducatrice. Il s'agirait de dissoudre la maternité dans la disjonction technique des fonctions reproductives. Aldous Huxley avait vu juste en faisant vanter par un de ses personnages la reproduction aseptisée, dans « le meilleur des mondes », par contraste avec

1. *Ibid.*, p. 152-153.

l'archaïsme de la sexualité du monde préscientifique : « ces jours de grossière reproduction vivipare[1] ». « Les auteurs de science-fiction qui nous alertent si bien sur tout ce qui peut nous arriver, commente Marie Balmary avec sa pertinence coutumière, vont peut-être inventer des écologistes d'un nouveau type, réclamant l'arrêt des enfants génétiquement modifiés. Inventer des féministes et des hoministes protestant contre l'emprise de la médecine sur la sexualité. Inventer des nouveaux tribunaux convoquant des savants pour un nouveau type de crime : la production d'humains privés d'un droit, celui d'avoir des parents humains qui aient du plaisir à les faire et qui ne sachent pas tout[2]. »

La revendication et la pratique de la « gestation pour autrui » apparaissent dans ce contexte comme particulièrement significatives et inquiétantes. Il s'agit ni plus ni moins d'une réinvention de l'esclavage au XXIe siècle, et d'un esclavage qui serait exclusivement féminin, tout en portant gravement atteinte à la dignité et aux droits fondamentaux des enfants. L'ardeur et la liberté intellectuelle de Sylviane Agacinski sur ce sujet sont particulièrement impressionnantes : « À ceux qui s'interrogent, à celles qui se demandent : "des mères porteuses, pourquoi pas ?", je voudrais essayer de montrer la chose même, derrière les mots et les phrases, la chose dans ce qui me semble être sa rationalité transhumaine, parce qu'elle fait d'une femme un *outil vivant*. [...] J'éprouve un

1. Aldous Huxley, *Le Meilleur des mondes*, *op. cit.*, p. 42.
2. Marie Balmary, « Lire la différence des sexes », *art. cit.*

certain *dégoût* à devoir *argumenter* pour dire pourquoi il est indigne de demander à une femme de mettre son ventre à la disposition d'autrui. Chacun devrait le voir par lui-même, le comprendre par lui-même. Mais non. Trop d'émotions, trop d'intérêts convergent, trop de mots cachent les choses[1]. » Parmi les mots brandis pour cacher la réalité de cet outrage à la dignité des femmes et des enfants, il y a bien sûr ceux de « modernité » et de « progrès ». Sylviane Agacinski anticipe l'argument : « La barbarie a toujours été moderne, toujours nouvelle, toujours actuelle. Nous progressons parfois vers elle sans le vouloir, aveuglés par les "progrès" de la puissance technologique et des ruses du marché[2]. » Il est urgent – Alain Graf, le brillant rapporteur des états généraux de bioéthique, le suggérait en 2011 – que les véritables amoureux de la dignité humaine se réapproprient la notion de progrès.

C'est ce que font les adeptes toujours plus nombreux, réfléchis et motivés de l'« écologie humaine ». Il y a une écologie qui idolâtre la nature et qui reproche au judéo-christianisme son anthropocentrisme prétendument dévastateur. Mais il y a aussi une écologie qui se bat pour la sauvegarde de l'environnement par respect inconditionnel de ceux qui y vivent ou y vivront. L'Église est profondément en phase avec ce mouvement, qui fait d'ailleurs partie de sa tradition, comme le manifeste le patronage de saint François d'Assise. Dans son encyclique sociale,

1. Sylviane Agacinski, *Corps en miettes*, *op. cit.*, p. 8.
2. *Ibid.*, p. 7.

L'Amour dans la vérité, Benoît XVI, reprenant une formule de Jean-Paul II, a appelé de ses vœux une écologie authentiquement humaine : « [L'Église] doit préserver non seulement la terre, l'eau et l'air comme dons de la création appartenant à tous, elle doit surtout protéger l'homme de sa propre destruction. Une sorte d'écologie de l'homme, comprise de manière juste, est nécessaire. La dégradation de l'environnement est en effet étroitement liée à la culture qui façonne la communauté humaine : *quand "l'écologie humaine" est respectée dans la société, l'écologie proprement dite en tire aussi avantage*[1]. »

J'ai voulu reprendre cette balle au bond, dans le contexte des débats de bioéthique, en faisant dialoguer Mgr Pierre d'Ornellas, spécialiste des évêques de France en la matière, et Nathalie Kosciusko-Morizet, à l'époque secrétaire d'État à l'Économie numérique mais aussi ancienne et future responsable des questions environnementales au sein du gouvernement. En les invitant à définir les conditions d'une écologie vraiment digne de l'homme[2], je souhaitais mettre en lumière que le premier champ d'application du « principe de précaution » touche la dignité humaine, que la sauvegarde des espèces animales en péril serait dérisoire si l'embryon humain n'était pas respecté. Le débat n'est pas allé aussi loin que je l'espérais mais m'a convaincu que l'avènement

1. Benoît XVI, *L'Amour dans la vérité*, Paris, Bayard-Cerf-Fleurus-Mame, « Documents des Églises », 2009, § 51.

2. Pierre d'Ornellas, Nathalie Kosciusko-Morizet, *Une écologie digne de l'homme ? Développement durable et bioéthique*. Débat animé par Jean-Marie Guénois, Paris, Salvator, « Controverses », 2010.

d'« écologistes d'un nouveau type », pour reprendre la formule de Marie Balmary, était possible et souhaitable. C'est ce qui prend forme dans le *think tank* lancé récemment par Tugdual Derville, Pierre-Yves Gomez et Gilles Hériard Dubreuil[1]. On se souvient du cri d'alarme de Jacques Chirac au Sommet de la terre à Johannesburg en 2002 : « Notre maison brûle et nous regardons ailleurs. » Le mot « maison » désigne en français non seulement des murs et un toit mais aussi la famille ou la communauté qu'ils abritent. La maison qui brûle, c'est avant tout notre humanité quand elle perd le sens de sa propre dignité.

Je garde, de ce point de vue, un souvenir particulièrement vif du débat organisé par Terra Nova, le *think tank* de gauche modérée qui préparait alors l'alternance, le 8 décembre 2010. J'avais lié amitié avec Olivier Ferrand, le président fondateur de Terra Nova. Bien des convictions nous séparaient mais Olivier avait le goût et le sens du dialogue et du débat. Il m'invitait régulièrement aux conventions suscitées par Terra Nova. C'est avec beaucoup d'émotion que j'ai célébré ses obsèques, quelques jours seulement après son élection à l'Assemblée nationale, en présence de son épouse, sa fille, ses parents, pratiquement l'ensemble du gouvernement et une foule très nombreuse bouleversée par la brutalité de son décès. Pour trancher entre deux motions contradictoires sur les sujets de bioéthique, Olivier Ferrand avait organisé un débat sur la légitimité de l'anonymat des dons de gamètes et sur la gestation pour autrui. Dans un

1. www.ecologiehumaine.eu.

auditorium du sous-sol de l'Assemblée nationale, la dispute faisait rage entre des femmes principalement, toutes passionnées et galvanisées par leurs « championnes », Sylviane Agacinski et Geneviève Delaisi de Parseval.

Au cours des échanges, une participante aux options plutôt permissives prit la parole pour affirmer avec ingénuité : « Un embryon, ce n'est quand même pas une chose ! » Aussitôt, une députée lança un cri rauque et impérieux, à la fois effrayé et effrayant : « Si on déréifie l'embryon, c'est terminé ! » Cette femme, entrée depuis au gouvernement, reconnaissait qu'elle considérait l'embryon comme une chose et manifestait surtout qu'il s'agissait d'une construction intellectuelle délibérée : « si on déréifie ». Aussi insuffisante que soit la formule du Comité consultatif national d'éthique, qui présente l'embryon comme « une personne humaine potentielle », elle permet au moins d'approcher la réalité sans choisir de faire, comme cette députée, fi de toute vérité. Je me suis dit ce jour-là que le débat contemporain se jouait en quelque sorte entre Pascal et M. Homais. Celui-ci, pharmacien scientiste et benêt de *Madame Bovary*, incarne un matérialisme suffisant ; celui-là, scientifique de haut vol et génie spirituel, sait que « l'homme passe infiniment l'homme ».

À quoi bon, pourra-t-on encore m'objecter, cet éloge du corps sexué et de son unité avec l'esprit quand on a fait le choix du célibat consacré ? Les prêtres catholiques ne se condamnent-ils pas eux-mêmes à la haine du corps et au mépris de la sexualité ? Le célibat n'est en rien – et ne doit jamais être

– un refus du corps ou de la sexualité. Il est au contraire, pour ceux qui reçoivent l'appel à vivre dans la continence, l'incarnation d'un service aimant de la communauté : le célibat donne corps à la consécration du sacerdoce. Par leur célibat, les prêtres ont à manifester de manière positive aux époux que leur alliance n'est pas seulement charnelle mais aussi spirituelle, d'autant plus richement charnelle qu'elle est plus intensément spirituelle. L'union des corps n'est pas l'amalgame de deux « choses », madame la ministre, mais le don mutuel de deux personnes qui progressent dans la communion des corps et des cœurs pour porter toutes sortes de fruits. Les prêtres et les religieux, qui sont destinés à demeurer minoritaires dans la communauté chrétienne, ont la mission paradoxale, parce qu'ils en ont reçu l'appel, d'éveiller la majorité des fidèles à la profondeur spirituelle de leur vocation nuptiale. Les prêtres, qui mettent dans leur vie sacerdotale toute l'énergie de leur corps et de leur cœur, vivent à leur manière une véritable grâce d'époux. Encore faut-il bien sûr qu'ils veillent à cultiver un authentique équilibre spirituel, affectif et physique. Hommes et femmes consacrés, consacrés et laïcs, célibataires et époux, dans la variété de leurs expériences, reconnues et accueillies dans l'estime mutuelle et dans l'humilité, s'entraident dans la découverte et la transmission de la beauté humaine. Ils contribuent à mettre le monde dans une logique de communion.

Lorsque j'étais « aumônier des parlementaires », j'ai lié amitié avec, si j'ose dire, un vieux briscard de la politique. Ce député, qui passa quelques années au gouvernement, cultivait une allure rustique mais possédait en fait une intelligence particulièrement fine et rapide. Nous avions pris l'habitude de faire régulièrement un tour d'horizon amical des questions éthiques de l'actualité législative, autour d'un déjeuner. Au terme de notre dernier repas en commun, alors que je m'efforçais de lui rendre sa liberté pour ne pas abuser du temps de ce personnage important, il changea de ton et m'interrogea : « Le week-end dernier, en ouvrant ma bible, je suis tombé sur le Cantique des cantiques. Quelle est la portée de ce livre et quel est le sens de sa présence dans les Écritures ? » Étonné, je dois le dire, que ce politicien volontiers caricaturé trouve et prenne le temps de la *lectio divina*, je lui ai parlé de l'amour sponsal de Dieu pour son peuple, annoncé par les prophètes et accompli dans le Christ, et j'ai insisté sur la valorisation par la foi chrétienne de l'amour conjugal, à la fois spirituel et charnel. Mon politique, plus mystique que prévu, est parti avec deux ou trois lectures complémentaires dont il m'a assuré qu'il ferait ses délices estivales.

Quelques mois plus tard, un cancer l'emportait. En prêchant, le jour de ses obsèques, en présence de l'épouse qu'il avait aimée pendant quarante-cinq ans et de nombreux politiques, j'ai évoqué nos conversations spirituelles. Je vois encore les yeux ronds de deux ministres assis au premier rang, n'en revenant pas que leur ancien collègue, apparemment si absorbé par les conciliabules et les intrigues, ait eu des préoccupations aussi profondes. L'histoire de ce ministre mystique malgré lui a force de parabole. Elle manifeste bien sûr la puissance toujours étonnante du texte biblique dans le cœur de tout homme. Mais surtout, par le Cantique des Cantiques, elle met en lumière la beauté première du corps humain sexué, du mystère de l'homme et de la femme. La dynamique d'alliance amorcée par cette distinction paradigmatique est à la fois la source et la fin de l'action politique. La reconnaître comme telle délivre de la tyrannie ou de l'idolâtrie des relations de pouvoir. C'est ce que saint Bernard, conseiller des princes et commentateur enflammé du Cantique, annonçait de son temps. C'est ce que les chrétiens, à une époque de confusion, doivent à nouveau proclamer pour permettre à l'humanité de se réapproprier la beauté fondatrice du mystère de l'homme et de la femme.

VI

Une Église pour les pauvres

Un certain nombre de catholiques défaitistes et beaucoup d'observateurs pressés d'en finir avec l'Église vivent dans la nostalgie de cette trinité caritative et médiatique constituée naguère par l'Abbé Pierre, Mère Teresa et Sœur Emmanuelle. Depuis leur mort, la charité chrétienne en actes aurait disparu des écrans radar. L'Abbé Pierre, Sœur Emmanuelle et la bienheureuse Mère Teresa ont en effet été des témoins exceptionnels de l'amour de prédilection du Christ pour les pauvres. Avec une générosité, une inventivité et une capacité d'entraînement hors du commun, ils ont su reconnaître certaines des blessures les plus vives de notre époque et y répandre le baume d'une authentique charité, c'est-à-dire un amour qui ne se borne pas à apporter une aide matérielle mais qui relève, rétablit dans la dignité, rend capable de se prendre ou reprendre soi-même en mains. En venant en aide aux personnes sans domicile fixe, aux chiffonniers du Caire ou aux mourants de Calcutta, ils ont éveillé l'attention du monde à ces plaies contemporaines que sont la crise chronique du logement, les décharges matérielles et humaines qui se développent en marge des conurbations démesurées des pays émergents, l'abandon des personnes en fin de vie. Tous les trois avaient manifestement un surcroît de charisme, un don de communication, voire d'incarnation, qui leur a permis d'être les porte-parole singulièrement rayonnants de ceux et celles dont la voix n'est jamais entendue.

Mais l'Abbé Pierre, Sœur Emmanuelle et Mère Teresa avaient bien conscience de s'inscrire dans une histoire, celle de l'engagement bimillénaire des chrétiens au service des plus pauvres. Ils ont vécu et agi en communion avec l'Église et la multitude d'initiatives caritatives qu'elle abrite et encourage. Aucun n'a travaillé seul : grâce aux Compagnons d'Emmaüs, à la Fondation Sœur Emmanuelle et aux Sœurs missionnaires de la charité, l'œuvre des fondateurs a pris de leur vivant même une ampleur qui dépassait leurs seules forces et peut se poursuivre aujourd'hui qu'ils sont morts. Leur charisme particulier et les circonstances de leur vie leur ont conféré une notoriété peu commune, mais ils avaient conscience d'être en quelque sorte les représentants d'autres acteurs de la charité, moins connus mais tout aussi engagés. Ils ont vécu leur exposition médiatique comme un service de plus et non pas comme une occasion d'autopromotion ou de publicité de leurs seules initiatives. C'est donc un contre-sens de les considérer comme des icônes exclusives. S'ils ont contribué fortement à ce que l'Église soit toujours davantage, selon le mot du pape François, « une Église pour les pauvres », ils n'en constituent pas pour autant un sommet à jamais dépassé, un âge d'or pour toujours révolu. Tant qu'il y aura des pauvres – « des pauvres, vous en aurez toujours avec vous[1] », a averti Jésus –, Dieu suscitera des serviteurs, chaque génération se nourrissant des trésors de charité déployés par la précédente.

Pour qui sait ouvrir les yeux, le catholicisme français d'aujourd'hui est particulièrement vivant sur le terrain de la charité. Si parfois des laïcs ont pris le relais des clercs et des religieuses, l'esprit qui animait saint Martin et sainte Geneviève au Ve siècle, saint Vincent de Paul et sainte Catherine Labouré au XVIIe, l'Abbé Pierre et Sœur Emmanuelle au XXe continue de souffler : il conjugue réalisme et audace, sens du concret et vision spirituelle, capacité à repérer les maux les plus sensibles pour commencer de les apaiser. Alors même qu'on a pu opposer, dans les années 1970, solidarité et charité, souci éthique et engagement social, professionnalisation et gratuité du service, l'expérience caritative chrétienne d'aujourd'hui parvient à unifier ces différentes dimensions d'une manière qui fait parfois école en dehors des cercles confessionnels.

C'est en 1964 que Jean Vanier, un philosophe canadien, le père Thomas Philippe, dominicain, ainsi que Raphaël et Philippe, deux personnes handicapées mentales, considérés comme cofondateurs à part entière, ont initié près de Compiègne la première communauté de l'Arche. Depuis, des communautés semblables se sont répandues dans le monde entier, assistants et personnes handicapées menant ensemble

1. Matthieu 26, 11.

une vie familiale toute simple au sein de foyers à taille humaine, habituellement reliés à des ateliers où chacun peut trouver un travail adapté à ses capacités. Ce qui est particulièrement évangélique à l'Arche, c'est la fraternité entre personnes handicapées et assistants : ces derniers reçoivent parfois de leur service les raisons de vivre qu'ils cherchaient jusque-là en vain. Il n'est pas toujours facile, à l'Arche, de savoir qui rend service à qui. C'est le retournement de situation chanté par le *Magnificat* : « Il renverse les puissants de leurs trônes, il élève les humbles[1]. » Les communautés de l'Arche constituent une sorte de contre-société, non parce qu'elles se prétendraient autosuffisantes – elles collaborent en fait très bien avec les services sociaux officiels –, mais parce qu'elles sont construites sur l'accueil respectueux de la vulnérabilité plutôt que sur le culte de la réussite et de la domination. La société tout entière a beaucoup à recevoir de ces communautés. Le beau livre que Jean Vanier a consacré à l'esprit qu'il souhaite y voir régner – *La Communauté, lieu du pardon et de la fête*[2] – est une mine de sagesse et d'espérance pour toutes les formes de collectivité.

La naissance de l'Arche a significativement contribué à changer le regard des catholiques français, et pas seulement des catholiques, sur les personnes handicapées mentales. D'autant qu'en 1971, Jean Vanier fondait, dans le même esprit, Foi et Lumière avec

1. Luc 1, 52.
2. Jean Vanier, *La Communauté, lieu du pardon et de la fête*, Paris, Fleurus-Bellarmin, 1979.

Marie-Hélène Mathieu : non pas une communauté de vie mais un réseau de petites fraternités de prière, de loisirs et de fête pour les personnes handicapées, leurs familles et leurs amis[1]. Il faut entendre Marie-Hélène Mathieu raconter le premier pèlerinage de Foi et Lumière à Lourdes en 1971 (elle le fit, lors d'un pèlerinage des élus, devant des parlementaires totalement médusés). L'ignorance des pouvoirs publics – et des autorités ecclésiastiques – était alors telle que tous étaient tétanisés à l'idée d'accueillir ces douze mille pèlerins dont quatre mille avaient un handicap mental. Le préfet avait été jusqu'à réquisitionner les parachutistes cantonnés à Tarbes; les commerçants, particulièrement nombreux à Lourdes, avaient baissé leurs rideaux de fer : il fallait se protéger de « l'invasion des fous ». Très vite cependant, tous furent conquis par l'esprit de simplicité et de joie de ce rassemblement inédit : « Pendant trois jours, une manifestation d'amour, de paix, de joie, comme on n'a jamais vu à Lourdes. La ville tout entière, d'abord réticente et apeurée à l'idée de ce pèlerinage insolite, se met au rythme des alléluias. Un des chapelains affirme : "Une muraille s'est écroulée qui n'était pas de refus mais d'ignorance[2]". » Lors de l'année mariale de 1987, Marie-Hélène Mathieu fut la première femme de l'histoire à prêcher à Notre-Dame de Paris, à la demande du cardinal Lustiger, pour une

1. Marie-Hélène Mathieu, Jean Vanier, *Plus jamais seuls. L'aventure de Foi et Lumière*, Paris, Presses de la Renaissance, 2011.

2. Marie-Hélène Mathieu, *La Lumière d'une rencontre. Quand la personne handicapée nous fait signe*, Paris, EDIFA-Mame, 2008, p. 122.

conférence de carême sur « La Vierge Marie et les pauvres ».

Si Jean Vanier et Marie-Hélène Mathieu se sont battus pour qu'en chaque handicapé soit reconnue avec émerveillement une personne à part entière, ils n'en ont pas pour autant sous-estimé l'épreuve des familles devant faire face à des handicaps parfois très lourds. « La souffrance de parents qui attendent un enfant handicapé me semble l'une des plus douloureuses », écrit Marie-Hélène Mathieu avec réalisme et délicatesse[1]. Voilà pourquoi, dès 1963, elle avait fondé l'Office chrétien des handicapés (OCH) pour « apporter un soutien, un éclairage, une amitié aux personnes malades ou handicapées (quel que soit leur handicap), à leur famille et à leur entourage[2] ». Depuis plus de quarante ans, la revue de l'OCH, *Ombres et lumières*, propose informations et témoignages, sans enjoliver les situations ni les dramatiser, en veillant constamment à ne pas culpabiliser ceux qui éprouvent douloureusement la vie quotidienne au contact de personnes malades ou handicapées. Si l'accompagnement proposé a une dimension spirituelle très explicite, elle n'est pas exclusive d'un souci constant d'amélioration concrète des modes de prise en charge du handicap ou de la maladie : « L'absence de structures adaptées, insiste avec persévérance Marie-Hélène Mathieu, est un [...] drame pour celui qui ne peut pas retrouver sa place dans la société[3]. »

1. *Ibid.*, p. 45.
2. *Ibid.*, p. 169.
3. *Ibid.*, p. 92.

C'est par une rencontre, semblable à celles qui jalonnent l'Évangile, que tout a commencé pour Marie-Hélène Mathieu : « En classe de cinquième, mon cœur a rejoint Suzanne à travers ses larmes. C'était une jeune fille handicapée mentale admise parmi nous. Avec notre professeur de dessin, nous nous étions moqués d'elle. En fait de bouquets de fleurs, elle avait esquissé une minuscule feuille de trèfle dans un coin de sa page. J'ai lu, dans son chagrin, l'injustice et la détresse. J'aurais voulu pouvoir l'aider, inventer quelque chose pour Suzanne et les gens comme elle[1]. » Des rencontres encore, vécues avec ouverture de cœur et disponibilité à l'action, ont donné à la vie de Tugdual Derville son orientation singulière : « À l'âge de vingt ans, la soudaine rencontre avec des personnes handicapées m'a fait considérer différemment leur existence – et aussi la mienne – et nos places respectives dans la société. Au sein d'*À bras ouverts* où sont accueillis des enfants ou de jeunes handicapés, ou des *Petits Frères des pauvres* qui œuvrent auprès des personnes âgées, je me suis rendu compte de ce que nous pouvions tous perdre en élevant des murs entre les "bien portants" et toutes les personnes que l'on dit "dépendantes". J'ai mesuré ce que chacun peut gagner à rencontrer celui qui ne lui ressemble pas. Ensuite, comme consultant dans des établissements sanitaires ou médico-sociaux, j'ai mieux compris la lourdeur de la tâche des professionnels qui les accompagnent, souvent laissés seuls

1. *Ibid.*, p. 7.

face à leur conscience lorsque survient une question éthique[1]. »

Époux, père de famille, délégué général de l'alliance Vita, porte-parole avec d'autres de la « manif pour tous », cofondateur de « L'écologie humaine », Tugdual Derville mène une action multiforme de promotion de la dignité humaine. Tous ceux qui le rencontrent ou débattent avec lui ne peuvent pas ne pas être sensibles à l'énergie de ses engagements concrets ainsi qu'à la douceur et à la bienveillance profonde qu'il met dans tous ses contacts et prises de position. Avec son équipe, qu'il s'attache constamment à valoriser, il anime des permanences d'écoute – « SOS bébé » et « SOS fin de vie » – où chacun est accueilli tel qu'il est, avec des trésors de respect. Cette coïncidence entre l'enracinement spirituel, le professionnalisme, la force des convictions éthiques et l'accueil sans exclusive pourrait être une des caractéristiques de la charité proprement chrétienne au XXIe siècle.

Parmi les sujets sensibles qui reviennent régulièrement dans le débat politique et médiatique, il y a précisément la question de l'euthanasie ou, plus positivement, du juste accompagnement de la fin de vie. Le travail de la mission d'information parlementaire dont Jean Léonetti fut le rapporteur en 2004 est un exemple encourageant de dépassement de l'idéologie par le dialogue et la raison. La loi votée dans son sillage a ouvert une « voie française » qui libère de l'acharnement thérapeutique, valorise les soins palliatifs et protège la France – pour l'instant – ainsi que

1. Tugdual Derville, *Le Bonheur blessé*, Tours, CLD, 2005, p. 8.

les pays qui suivent son exemple, de ce que le pape François dénonce comme une « culture de la décharge[1] » : les « attitudes d'exclusion et d'abandon[2] » qui blessent la dignité des mourants et des personnes âgées. Les chrétiens se sont engagés avec beaucoup de cœur et de professionnalisme dans les soins palliatifs caractérisés par la conjonction singulière du progrès scientifique dans le traitement de la douleur et l'attention pleinement humaine aux malades – qu'on s'interdit de réduire à leurs organes – et à leur entourage. Tous ceux qui se sont rendus à la Maison Jeanne Garnier, à Paris, n'ont pu qu'être impressionnés par le climat de paix qui y règne malgré les circonstances très lourdes qui conduisent les familles à y faire admettre des malades extrêmement diminués. Il s'agissait d'une institution vieillissante fondée par des veuves. Alors qu'elle était sur le point de fermer, le cardinal Lustiger, avec d'autres, a pensé que c'était le lieu providentiel pour prendre une initiative emblématique d'implication de l'Église dans les soins palliatifs. C'est à Jeanne Garnier que le cardinal a achevé sa vie. Ceux qui lui rendaient visite passaient devant la « première pierre » de la reconstruction de ce qui est devenu un établissement de pointe : une inscription rappelle qu'archevêque de Paris, Jean-Marie Lustiger a béni ce projet. Cette pierre n'est pas un souvenir anodin : elle est comme une pierre angulaire du service, par les chrétiens et

1. Jorge María Bergoglio-pape François, *Seul l'amour nous sauvera*, *op. cit.*, p. 60.
2. *Ibid.*, p. 68.

ceux qui partagent leur vision éthique, de l'authentique dignité humaine jusqu'au bout de la vie.

Aussi étonnant que cela puisse paraître, peu de textes me semblent aussi éloquents sur la violence de l'euthanasie que les pages écrites à ce sujet par Michel Houellebecq. Déjà, le roman d'anticipation de Robert Hugh Benson, *Le Maître de la terre*, paru en 1906, était traversé par une sorte d'atmosphère euthanasique, surprenante et glacée. « Tu sais bien, toi-même, dans le fond de ton cœur, que ce sont les gens de l'euthanasie qui sont les seuls vrais prêtres », disait à son épouse un homme politique anglais accoutumé à ce goût envahissant de cendres[1]. Dans *La Carte et le territoire*, le père de Jed a fait comprendre à son fils qu'il n'excluait pas d'« en finir » par un voyage en Suisse. Alerté par l'absence de son père, qui a quitté Paris sans crier gare, Jed se précipite à Zurich. Il finit par y découvrir l'établissement qui s'est « occupé » de son père. « *Dignitas* (c'était le nom du groupement d'euthanasieurs) faisait l'objet d'une plainte d'une association écologiste locale. Pas du tout en raison de ses activités, au contraire les écologistes en question se réjouissaient de l'existence de *Dignitas*, ils se déclaraient même *entièrement solidaires de son combat;* mais la quantité de cendres et d'ossements humains qu'ils déversaient dans les eaux du lac était selon eux excessive, et avait l'inconvénient de favoriser une espèce de carpe brésilienne, récemment arrivée en Europe, au détriment de l'omble chevalier, et

1. Robert Hugh Benson, *Le Maître de la terre. La crise des derniers temps*, Paris, Téqui, 1993, p. 43.

plus généralement des poissons locaux[1]. » Cette évocation d'une écologie qui préfère la pureté d'un lac au respect des personnes n'a rien de caricatural. Sait-on qu'en droit français, certaines espèces de crapauds ou de couleuvres sont mieux protégées que les enfants à naître ?

Michel Houellebecq poursuit son récit : « Quelques minutes plus tard, une femme d'une quarantaine d'années, vêtue d'un tailleur clair, fit son entrée dans la pièce. Elle avait consulté le dossier : en effet, son père s'était présenté au matin du lundi 10 décembre ; l'opération s'était déroulée "tout à fait normalement"[2]. » Plus l'atmosphère est feutrée, plus la mort est dissimulée sous des euphémismes en réalité obscènes, plus grandit une sorte de violence qui va finir par éclater. « Comme l'immense majorité de nos clients, votre père avait opté pour la formule de l'incinération [...]. C'est bien cela, se dit Jed ; son père servait à présent de nourriture aux carpes brésiliennes du Zürichsee. La femme reprit le dossier, pensant visiblement que l'entretien était terminé, et se leva pour le ranger dans son armoire. Jed se leva aussi, s'approcha d'elle et la gifla violemment. Elle émit une sorte de gémissement très étouffé, mais n'eut pas le temps d'envisager une riposte. Il enchaîna par un violent uppercut au menton, suivi d'une série de manchettes rapides[3]. » Cette explosion irrépressible de brutalité est comme une révélation de la violence

1. Michel Houellebecq, *La Carte et le territoire*, *op. cit.*, p. 369.
2. *Ibid.*, p. 373-374.
3. *Ibid.*, p. 375.

objective d'une société qui voudrait s'autoriser à donner impunément la mort. Avec, pour couronner le tout, le triomphe, obscène lui aussi, de l'argent : « Une euthanasie était facturée en moyenne cinq mille euros, alors que la dose létale de pentobarbital de sodium revenait à vingt euros, et une incinération bas de gamme sans doute pas bien davantage. Sur un marché en pleine expansion, où la Suisse était en situation de quasi-monopole, ils devaient, en effet, *se faire des couilles en or*[1]. »

Il y a une tradition française d'accueil particulièrement attentif des personnes les plus âgées. Jeanne Jugan, femme toute simple de Cancale, béatifiée par Jean-Paul II, canonisée par Benoît XVI, a fondé vers 1840 les Petites Sœurs des pauvres. Aujourd'hui plusieurs milliers de religieuses, présentes dans le monde entier, se dédient exclusivement à l'accueil jusqu'à leur mort des personnes âgées sans ressources. Chacun de leurs établissements s'appelle « Ma Maison » pour que tous les pensionnaires se sentent chez eux. Les sœurs veillent, avec des trésors d'attention et de délicatesse, à ce que chaque personne accueillie puisse rendre tous les services dont elle est encore capable : couture, bricolage, etc. Il ne s'agit pas seulement de fournir un toit aux normes et des soins techniquement irréprochables – ce qui n'est déjà pas rien – mais de servir, de promouvoir jusqu'au bout la dignité de tous. L'ancienne supérieure générale, Mère Marie-Antoinette de la Trinité, sorte de Mère Teresa à sa manière, au physique comme au spirituel, soulignait

1. *Ibid.*, p. 376.

la sécurité, la paix que donne aux pensionnaires la certitude que leur vie sera respectée jusqu'à son terme naturel. Quel contraste avec ce que vivent certaines personnes âgées belges ou néerlandaises, qui fuient leur pays et vont s'installer en Allemagne par peur d'être euthanasiées !

Parmi les pauvretés générées par les immenses cités contemporaines, il y a celles du « monde de la rue », la prostitution notamment. Nous avons vu plus haut Sylviane Agacinski dénoncer le « marché prostitutionnel » comme « forme moderne de la servitude des femmes ». Un prêtre de Paris, Patrick Giros, a fondé en 1981 « Aux captifs la libération », pour « rencontrer et accompagner des personnes qui vivent dans la rue ou de la rue ». Les « captifs », comme on les appelle familièrement à Paris, équipes de bénévoles et de salariés formés à la profondeur humaine de l'accompagnement, ont été les premiers à réinventer les maraudes, qui faisaient le quotidien de saint Vincent de Paul et des Filles de la Charité au XVIIe siècle et qui sont désormais la pratique habituelle de tous ceux qui prennent soin des sans-domicile fixe (ordre de Malte, Samu social, Secours populaire...). Les « captifs » mettent en œuvre un suivi social et sanitaire des personnes, très blessées, qu'ils rencontrent, mais laissent place également à la gratuité de contacts qui ne pourront pas toujours déboucher sur une prise en charge « efficace », coïncidence toujours du nécessaire professionnalisme et de la prééminence de la relation humaine inconditionnelle. À la mort du père Giros, c'est Jean-Guilhem Xerri, praticien hospitalier, désormais membre du Conseil national des politiques de lutte contre l'exclusion, qui a pris le relais. Pour lui aussi, tout est parti d'une rencontre : « Issu d'une famille dont l'attention aux autres était une préoccupation essentielle, j'ai été témoin précocement de l'accueil d'une personne fragilisée et différente, accueil réalisé dans toutes ses composantes : sociale, médicale, psychologique, culturelle et spirituelle[1]. » Notre société ne peut pas ne pas s'interroger sur cette globalité des soins à dispenser pour que la dignité des personnes soit vraiment honorée. Il est urgent de « penser pour mieux panser[2] ».

Un autre prêtre, lyonnais cette fois, a pris à bras-le-corps il y a près de trente ans, dans le sillage de l'Abbé Pierre d'une certaine manière, un des problèmes les plus difficiles de notre époque : celui du logement. Il s'agit de Bernard Devert, fondateur en 1985 d'Habitat et Humanisme. Cet agent immobilier devenu prêtre – double cursus singulier – a mis au point une sorte d'ingénierie à la fois économique et sociale particulièrement originale et efficace. Véritable entreprise à caractère social, Habitat et Humanisme, présent dans soixante-cinq départements, riche de deux mille six cents bénévoles et de deux cent trente salariés, est parvenu à loger quinze mille familles depuis sa fondation. Le père Devert, aumônier d'un centre anticancéreux pendant de nombreuses années, a également suscité La Pierre angulaire, pour accueillir des personnes âgées sans ressources. Membre du

1. Jean-Guilhem Xerri, *Le Soin dans tous ses états*, Paris, DDB, 2011, p. 10-11.
2. *Ibid.*, p. 12.

Haut Comité pour le logement des personnes défavorisées, il collabore activement avec les pouvoirs publics. Avec beaucoup de professionnalisme et de simplicité, avec une qualité de présence aux personnes toute sacerdotale, il montre lui aussi un beau visage de l'amour « en actes et en vérité »[1].

Ce qui rend d'autant plus déplacée la diatribe de Cécile Duflot, en décembre 2012, menaçant de réquisitionner les prétendus trésors immobiliers inexploités de l'Église dont elle annonçait avec tambour et trompette, sur un ton condescendant et menaçant, qu'elle s'apprêtait à dresser « l'inventaire ». Cette invocation – vraisemblablement inconsciente – des mânes du « petit père Combes » s'inscrivait dans une série d'attaques anticléricales lancées par divers membres du gouvernement : « Il y a du 1905 dans l'air », écrivit Mgr Marc Aillet, le tonique évêque de Bayonne, dans un grand quotidien national[2]. Conséquence inattendue du zèle un peu juvénile et désordonné de la ministre du Logement, toutes les télévisions diffusèrent en boucle des reportages sur les initiatives de l'Église en faveur des personnes sans logement. L'opération Hiver solidaire du diocèse de Paris, menée par de nombreuses paroisses sous la responsabilité d'un diacre, l'acteur par excellence de la charité en actes depuis l'Antiquité chrétienne, y gagna un surcroît, mérité, de notoriété.

Une maison, je l'ai déjà dit, c'est un toit et des murs mais aussi ceux qu'ils accueillent. Voilà pour-

1. 1 Jean 3, 18.
2. Marc Aillet, « Il y a du 1905 dans l'air », *Le Figaro*, 7 janvier 2013.

quoi l'action en faveur du logement ne peut être séparée de l'engagement auprès des personnes en difficulté sociale. Parmi les initiatives récentes dans ce domaine, on peut mentionner Le Rocher Oasis des cités. Cette association, née en 2001, mène « des actions éducatives, sociales et culturelles au service des enfants, adolescents, adultes et familles, des quartiers sensibles (animations de rue, aide aux devoirs, ateliers créatifs, camps, accompagnement des jeunes et des familles...) ». Permanents, bénévoles et volontaires du service civique font le choix d'habiter vraiment au milieu des quartiers sensibles où ils travaillent. Dans ce domaine, comment ne pas citer aussi le père Jean-Marie Petitclerc, polytechnicien, éducateur, membre des salésiens de don Bosco (un ordre religieux né à Turin au XIXe siècle pour venir en aide aux enfants défavorisés) ? Par l'engagement de son association Valdocco, à Argenteuil et dans les quartiers sensibles de la région lyonnaise, le père Petitclerc est sans doute un des meilleurs connaisseurs de la situation des jeunes en banlieue. Au lendemain des émeutes de 2005, je lui ai demandé de donner son témoignage à des parlementaires : l'addition de son expertise et de son charisme les a profondément impressionnés.

On pourrait continuer encore longtemps la belle litanie des prêtres, religieuses et laïcs qui se tiennent aujourd'hui aux avant-postes de la charité. Je pense bien sûr au père Guy Gilbert, « l'aumônier de loubards » à la gouaille légendaire, qui a fait de sa ferme de Faucon un beau lieu de réinsertion, mais aussi au père Pierre de Parcevaux, accompagnateur hors-pair, avec son association La Luciole, des jeunes touchés par la toxicomanie. Il y a bien sûr le Secours catholique et ses innombrables antennes, actif par exemple auprès des migrants, ainsi qu'ATD Quart Monde, fondé à partir de 1956 par le père Joseph Wresinski et Geneviève de Gaulle-Anthonioz, la nièce du général de Gaulle. Les consultations assurées par la Fondation Jérôme Lejeune pour les personnes trisomiques et leurs proches ont permis à des centaines de familles de trouver le courage et les moyens d'assumer un handicap au quotidien. Laurent de Chérisey a imaginé, depuis moins de dix ans, l'association Simon de Cyrène, pour offrir aux traumatisés crâniens des lieux de vie innovants, inspirés par l'expérience de l'Arche. Depuis une vingtaine d'années, à l'initiative commune du professeur Gentilini et du cardinal Lustiger, le centre Tibériade propose aux malades du sida un lieu d'accueil, de parole et de paix. Bref, s'il faut toujours progresser dans ce domaine et repérer les nouvelles formes de pauvreté, tant « la charité du Christ nous presse[1] », il est manifeste que l'engagement caritatif de l'Église et des chrétiens est loin de décliner. C'est ce qu'a mis en lumière tout récemment le rassemblement à Lourdes – Diaconia 2013 – d'un grand nombre d'acteurs de la charité.

Lors de sa première rencontre d'archevêque de Paris avec des parlementaires, le cardinal Vingt-Trois a été interrogé, par un sénateur-président de conseil général, responsable donc de l'aide sociale dans son département, sur la spécificité de l'engagement chré-

1. 2 Corinthiens 5, 14.

tien dans le champ de la solidarité. Beaucoup de tâches autrefois initiées ou assurées par l'Église sont en effet désormais prises en charge par des institutions publiques ou des associations non confessionnelles. Le degré de professionnalisation ou les normes de sécurité exigées par la législation laissent également peu de place à la seule générosité des fidèles et des religieux. Le cardinal ouvrit trois pistes. Les chrétiens, non pas de façon exclusive mais pour ce qui les concerne impérieuse, ont à manifester que le travail social ne peut se limiter à une aide technique, à des services dispensés de manière seulement matérielle ; le « service à la personne » n'est authentique que s'il s'incarne dans une véritable relation où la personne accompagnée est reconnue dans toutes ses dimensions. Les baptisés ont ensuite à témoigner de la conjonction entre l'éthique et le service : il est illusoire de prétendre apporter une aide, en dépit des apparences parfois, en portant atteinte de quelque manière que ce soit à l'authentique dignité humaine. Les catholiques doivent enfin défricher sans se lasser les nouveaux terrains de la charité en repérant les nouvelles formes de pauvreté et en inventant de nouvelles manières de les combattre. Il est significatif que ces trois pistes ne concernent pas seulement les chrétiens pour eux-mêmes mais aussi toute la société où ils ont à rendre leur témoignage. Elles manifestent que, malgré les prises en charge publiques, l'heure de l'implication spécifique des chrétiens dans la charité continue de sonner.

Le mot « charité », que j'ai délibérément employé sans restriction, a parfois fait difficulté. Cette traduction du grec *agapè*, pratiquement inventé par l'Évangile pour exprimer l'amour au sens le plus large du terme – l'amour pleinement révélé par le Christ, l'amour qui vient de Dieu et qui mène à lui, l'amour qui donne et se donne gratuitement jusqu'au bout[1] – a souvent été caricaturée : par des chrétiens eux-mêmes sans doute, pensant se mettre « en règle » avec leur conscience en « faisant la charité », fût-ce avec parcimonie ; mais aussi par ceux qui regardent les pauvres de haut et de loin, moquant leur propension à exiger qu'on leur « fasse la charité » plutôt que de « retrousser leurs manches ». Dans l'Église comme en dehors de l'Église, le rapport de la justice à la charité a fait débat. « Depuis le dix-neuvième siècle, écrit Benoît XVI dans sa première encyclique, on a soulevé une objection contre l'activité caritative de l'Église, objection qui a été développée ensuite avec insistance, notamment par la pensée marxiste. Les pauvres, dit-on, n'auraient pas besoin d'œuvres de charité, mais plutôt de justice. Les œuvres de charité – les aumônes – seraient en réalité, pour les riches, une manière de se soustraire à l'instauration de la justice et d'avoir leur conscience en paix, maintenant leurs positions et privant les pauvres de leurs droits. Au lieu de contribuer, à travers diverses œuvres de charité, au maintien des conditions existantes, il faudrait créer un ordre juste, dans lequel tous recevraient leur part des biens du monde et n'auraient donc plus besoin des œuvres de charité[2]. »

1. Jean 13, 1.
2. Benoît XVI, *Dieu est amour*, *op. cit.*, § 26.

Le pape émérite reconnaît la part de vérité de cette critique, intégrée par l'Église elle-même dans sa doctrine sociale. Aujourd'hui comme hier, il n'est pas suffisant d'en rester à de la générosité de proximité ni à des microprojets de développement, aussi innovants et valeureux soient-ils. L'Église de plus, nous l'avons vu, valorise l'engagement politique quand il se met effectivement au service de la justice et de la paix ; son insistance sur la charité n'a jamais été exclusive ni même unilatérale. Mais, contrairement à ce qu'avaient rêvé les utopies politiques du XXe siècle, il est illusoire de croire à un avènement plénier de la justice qui dispenserait d'exercer la charité à l'égard de ceux qui continuent d'endurer toutes sortes de pauvretés. « L'amour – *caritas* – sera toujours nécessaire, écrit Benoît XVI, même dans la société la plus juste. Il n'y a aucun ordre juste de l'État qui puisse rendre superflu le service de l'amour. Celui qui veut s'affranchir de l'amour se prépare à s'affranchir de l'homme en tant qu'homme. Il y aura toujours de la souffrance, qui réclame consolation et aide. Il y aura toujours de la solitude. [...] L'État qui veut pourvoir à tout, qui absorbe tout en lui, devient en définitive une instance bureaucratique qui ne peut assurer l'essentiel dont l'homme souffrant – tout homme – a besoin : le dévouement personnel plein d'amour[1]. »

Ainsi la charité et la justice ne doivent-elles pas être opposées mais articulées. C'est une des leçons du XXe siècle dont les chrétiens du XXIe ont à se montrer les témoins. Je me souviens *a contrario* d'un dialogue

1. *Ibid.*, § 28.

à front renversé sur ce sujet entre un prêtre, tributaire de l'idéologie du siècle finissant, et un responsable d'association de haut niveau, assez approximativement chrétien selon ses propres dires. Ce dernier, homme dynamique et brillant, qui deviendra ensuite l'inventeur d'un mécanisme social particulièrement innovant, expliquait qu'il lui semblait vital pour nourrir sa responsabilité associative d'avoir aussi une activité de terrain, un contact immédiat avec ceux dont il cherchait par ailleurs à améliorer structurellement l'existence. Le bon père lui en fit reproche : un homme de son niveau ne devait pas « perdre son temps » aux œuvres de charité, se distraire du véritable combat, celui de la justice. Sans doute cette remontrance aurait-elle eu du sens si l'interlocuteur de ce prêtre s'était désintéressé de la justice. En l'occurrence, ce responsable associatif avait perçu de manière juste et profonde que, comme l'amour et la vérité, la justice et la charité s'embrassent.

J'ai mentionné plus haut la séparation des sensibilités éthiques et sociales qui a pu opposer naguère les « cathos de gauche » et les « cathos de droite ». À chacun ses pauvres, en quelque sorte : pour les premiers, les migrants, les chômeurs, les travailleurs pauvres ; pour les seconds, les enfants à naître, les familles et les personnes en fin de vie. Il apparaît plus clairement aujourd'hui que la traditionnelle « option préférentielle pour les pauvres » de l'Église catholique, confirmée à maintes reprises par le pape Jean-Paul II et ses successeurs, englobe toutes les formes de pauvreté. Il serait indécent, immoral de choisir en quelque sorte sa pauvreté de prédilection, quoi qu'il en soit bien sûr de la légitime diversité des engagements de terrain. L'universalité du regard proprement « catholique » embrasse le mystère de la pauvreté dans sa globalité. C'est donc un devoir particulier pour les chrétiens de témoigner en faveur de tous les pauvres, de ne pas permettre qu'ils soient hiérarchisés dans leur pauvreté, instrumentalisés par des politiques ou des idéologies qui décréteraient le « pauvrement correct » et le « pauvrement incorrect ».

Un leader centriste d'un certain âge rencontrait un jour un groupe de jeunes hauts fonctionnaires catholiques désireux de construire en profondeur la cohérence de leurs parcours professionnels et de leur enracinement spirituel. Nous étions en pleine révision de la loi de bioéthique et la conversation en vint au statut de l'embryon et aux critères éthiques et juridiques de légitimité de la recherche. Le placide « démocrate-chrétien », aux opinions habituellement très pondérées comme il convient dans sa famille politique, éructa : « Vous m'emm... avec vos embryons ! Occupez-vous plutôt des pauvres ! » Il se trouve qu'autour de la table, plusieurs des commensaux étaient, de manière typique de leur génération, profondément engagés et sur les sujets éthiques et dans la lutte contre les pauvretés. Était présent, notamment, l'ancien directeur de cabinet du maire d'une banlieue difficile, servant alors au cœur de l'État, qui suivait les questions de bioéthique avec zèle et précision tout en demeurant engagé, en plus de sa vie de famille, dans l'animation d'un club de foot à visée sociale et dans une association de lutte contre la toxicomanie. Avec beaucoup de fermeté mais aussi de douceur et de déférence, il tenta d'expliquer pourquoi tous les êtres fragiles lui semblaient devoir être servis avec la même énergie et le même respect, qu'il ne s'agissait pas de choisir entre l'éthique et le social mais de croire à leur promotion réciproque. Contrairement au programme prévu pour la soirée, c'est sans doute le responsable le plus âgé qui reçut ce soir-là des plus jeunes une salutaire leçon de cohérence.

Justice et charité, éthique et social : une troisième fracture que les chrétiens ont aujourd'hui à réduire au profit de toute la société est celle qui oppose l'efficacité à la gratuité. S'il est absolument nécessaire de lutter contre les causes de la pauvreté, de donner autant que possible aux personnes aidées les moyens de retrouver leur pleine dignité en s'assumant par elles-mêmes, il faut aussi accepter que certaines fragilités ne puissent jamais être complètement dépassées. Il y avait, dans l'une de mes paroisses, un accueil de jour pour femmes en difficulté dirigé par une association catholique extérieure. Des femmes, entre cinquante et soixante ans, accueillies par des bénévoles efficaces et aimantes, venaient deux fois par semaine pour, ensemble, faire des courses, préparer leur repas, le partager, faire leur lessive, jouer aux cartes, vivre un temps simple et convivial, rare et précieux pour ces personnes en fait profondément désocialisées. L'association responsable de cet accueil, moins catholique en l'occurrence que son étiquette, décida un beau jour, un jour triste plutôt, de le supprimer, au motif qu'il n'était pas assez dynamisant : les femmes accueillies s'installaient dans le «confort»

– tout relatif à la vérité – de se retrouver chaque semaine plutôt que de chercher à se réinsérer. Quand on sait que des cadres compétents et en pleine santé ont de grandes difficultés à trouver un emploi après cinquante ans, on peut se demander à quelle « réinsertion » ces personnes très fragiles pouvaient prétendre. Leur « réinsertion » était précisément de sortir deux fois par semaine de leur solitude, de la saleté parfois et des troubles psychologiques qui peuvent en découler. La charité, la justice à leur égard était de les accepter telles qu'elles étaient, sans exiger qu'elles correspondent à des normes d'intégration sociale à certains égards arbitraires. Beaucoup de travailleurs sociaux se découragent parce qu'ils ont l'impression que leur travail ne porte pas de fruits : peut-être que l'ambition véritable – dans certains cas – devrait être de ne pas rechercher de retour au moins immédiat sur l'investissement caritatif.

Ce sens de la gratuité est précieux non seulement dans le champ de la lutte contre la pauvreté mais aussi pour la vie sociale en général. C'est l'une des réflexions les plus originales de Benoît XVI dans son encyclique sociale. « Si le développement économique, social et politique veut être authentiquement humain, écrit-il, il doit prendre en considération le *principe de gratuité* comme expression de fraternité[1]. » Le pape allemand, qui valorise aussi dans ce texte l'activité économique et commerciale et les échanges bienfaisants qu'elle favorise, manifeste que tous les rapports humains ne peuvent se réduire à

1. Benoît XVI, *L'Amour dans la vérité*, *op. cit.*, § 34.

des contrats quantifiés. L'activité économique elle-même ne se déploie vraiment que dans un contexte plus large où la culture, la vie de famille, la vie spirituelle, la vie associative, le soin des plus pauvres, les relations humaines en général trouvent à s'épanouir. La part de gratuité d'une société n'en est pas la dimension superflue mais constitue au contraire une condition nécessaire de sa vitalité. Analogiquement, une forme de gratuité dans la relation caritative ne confine pas à la résignation devant la pauvreté mais crée en revanche le contexte libérateur qui permet aux personnes blessées d'avancer. Celui qui aime authentiquement, explique le grand philosophe Jean-Luc Marion, « parvient à mettre en suspens l'exigence de réciprocité[1] ». Ainsi, un style proprement chrétien d'engagement auprès des plus pauvres est-il appelé à témoigner en faveur du « principe de gratuité » salutaire pour toute la société. Les pauvres et les handicapés eux-mêmes rendent à tous un immense service par la gratuité de leur existence apparemment diminuée. Le général de Gaulle ne parlait-il pas, en pensant à sa petite Anne, de « ces enfants sans lesquels il y aurait moins d'amour dans le monde » ? C'est un fait étonnant et éloquent, qu'il faudrait souvent méditer, que le salut de la France au plus noir de son histoire a été en partie le fruit de la dilatation du cœur d'un militaire courageux et visionnaire par sa petite fille handicapée.

1. Rémi Brague, Jean-Luc Marion, Edgar Morin, Éric de Rosny, Bertrand Vergely, *Regards sur le monde*, *op. cit.*, p. 137.

La manière dont une société se comporte avec les plus pauvres est le révélateur de sa santé. C'est vrai pour l'Église, comme l'a rappelé au pape François en train d'être élu son ami et voisin de conclave le cardinal Hummes, franciscain brésilien : « N'oublie pas les pauvres ! » C'est vrai pour toutes les sociétés, auprès desquelles justement l'Église est appelée à en témoigner. Quel contraste évidemment avec le spectacle que nous avons sous les yeux si nous avons le courage de les ouvrir ! Certes, beaucoup de pauvretés sont prises en charge mais les pauvres eux-mêmes sont-ils considérés ? Il règne un tel culte de la domination dans l'air que nous respirons qu'il faut lutter constamment contre le mépris des plus faibles qui se glisse dans les âmes comme un poison. J'ai, de ce point de vue, été saisi d'effroi par la référence finale du Garde des sceaux à Nietzsche, lors de son discours de conclusion du débat législatif sur « le mariage pour tous ». Nietzsche est un grand philosophe. Il a beaucoup à nous apprendre. Ses diatribes contre le culte de la faiblesse chez les chrétiens peuvent avoir la vertu bénéfique de les libérer d'une sorte de mollesse confondue avec l'authentique pauvreté de cœur. Mais Nietzsche demeure le théoricien de l'homme dominateur, le chantre d'une mort de Dieu qui aboutit en fait à la mort de l'homme. Par leur réflexion et par leur action, les chrétiens, plus que jamais, ont aujourd'hui à vivre et promouvoir ce que Jean-Paul II appelait la « culture de la vie », la vie fragile, vulnérable, infiniment respectable. Lors de son premier voyage en Inde, l'athlétique pape polonais, rendant visite à Mère Teresa, petite et courbée, la prit affectueusement par l'épaule. La beauté de leurs sourires à tous deux, la force de leurs témoignages ont illuminé le monde et continuent de stimuler l'Église à sa belle et salutaire vocation d'être une « Église pour les pauvres ».

VII

La prière dans la cité

La recherche de la vérité est un travail d'objectivité mais aussi d'intériorité. Le mystère de l'homme et de la femme est à la fois corporel et spirituel. Le respect agissant des plus pauvres passe par le service des corps blessés comme des esprits désolés ou humiliés. Dans tous ces domaines, l'authentique esprit chrétien exige la prise au sérieux, précisément, de l'esprit. Il constitue une protestation, une insurrection contre la réification des personnes, une option enthousiaste pour la profondeur de l'existence humaine face à tout ce qui pourrait la réduire. Bien des aspects du temps présent conspirent contre l'intériorité – « Le monde moderne est une immense conspiration contre la vie spirituelle », écrivait naguère Bernanos. La surabondance des images, des informations et des bruits, l'injonction permanente de mise à jour technologique, la tyrannie de l'immédiateté enferment, ou plutôt « ex-ferment », dans le « divertissement » ceux qui ne font pas le choix résolu d'une forme de résistance spirituelle. « Le problème qui se pose à nous est celui de l'avenir de la prière dans la civilisation technique[1] », écrivait en 1975 le cardinal Daniélou dans un livre qui fit date et qui, réédité récemment, n'a pas pris une ride[2]. Son titre est singulier : *L'Oraison problème politique*. Il signifie que la place de la prière, de la contemplation au sens large, est décisive pour la cité, pour sa survie et pour sa joie. Les chrétiens doivent se donner les moyens de persévérer dans la vie spirituelle. C'est une question de vie ou de mort, non seulement pour eux-mêmes mais encore pour tous ceux qui risquent d'étouffer dans le règne de l'extériorité.

« Combat perdu d'avance », diront certains. Telle n'est pas l'opinion de Bertrand Vergely, pour qui « le monde a soif de vie intérieure[3] » : « Je pense que nous arrivons au bout de l'homme extérieur. En revanche, la vie de l'homme intérieur ne fait que commencer. Notre époque en a soif. Elle étouffe dans le matérialisme athée et le libéralisme des mœurs. Elle a hâte de vivre debout, en respirant[4] » (ces deux attitudes évoquant discrètement la résurrection et le don de l'Esprit). Le philosophe orthodoxe, auteur d'un ouvrage lumineux sur *Le Silence de Dieu face aux malheurs du monde*[5], n'est pas le seul à faire ce constat. Déjà, dans son rugissement de 1970, nous

1. Jean Daniélou, *L'Oraison problème politique*, Paris, Cerf, 2012.

2. Je l'ai offert à plusieurs politiques. C'est précisément cette phrase qui a retenu l'attention de l'un d'entre eux : Henri Guaino, *La Nuit le jour*, Paris, Plon, 2012.

3. Rémi Brague, Jean-Luc Marion, Edgar Morin, Éric de Rosny, Bertrand Vergely, *Regards sur le monde*, *op. cit.*, p. 75.

4. *Ibid.*, p. 79.

5. Bertrand Vergely, *Le Silence de Dieu face aux malheurs du monde*, Paris, Presses de la Renaissance, 2006.

l'avons vu plus haut, Maurice Druon soulignait : « Partout se manifeste un grand besoin de spiritualité ; partout des jeunesses angoissées sont en quête de valeurs suprêmes[1]. » Et, en 1978, dans son fameux discours à Harvard, Soljénitsyne affirmait : « Il est impératif que nous revoyions à la hausse l'échelle de nos valeurs humaines. Sa pauvreté actuelle est effarante. [...] Si le monde ne touche pas à sa fin, il atteint une étape décisive dans son histoire, semblable en importance au tournant qui a conduit du Moyen Âge à la Renaissance. Cela va requérir de nous un embrasement spirituel. Il nous faudra nous hisser à une nouvelle hauteur de vue, à une nouvelle conception de la vie, où notre nature physique ne sera pas maudite, comme elle a pu l'être au Moyen Âge, mais, ce qui est bien plus important, où notre être spirituel ne sera pas non plus piétiné, comme il le fut à l'ère moderne[2]. »

L'orthodoxie d'Alexandre Soljénitsyne et de Bertrand Vergely et, peut-être, la part d'origines russes de Maurice Druon, ne sont pas anodines dans ce constat. Bien des renouveaux de l'Église tout entière sont venus d'Orient – l'*Orientale lumen* chantée par Jean-Paul II[3]. À travers beaucoup d'épreuves depuis l'Antiquité, les Églises slaves, comme celles du Moyen-Orient, ont été des conservatoires impressionnants de vie monastique, liturgique et spirituelle. L'Occident, plus mobile dans sa pensée et dans ses

1. Maurice Druon, « Une Église qui se trompe de siècle », *art. cit.*
2. Alexandre Soljénitsyne, « Le déclin du courage », Harvard, 8 juin 1978.
3. Jean-Paul II, lettre apostolique *Orientale lumen*, 1995.

pratiques – pour le meilleur comme pour le moins bon – a pu se ressourcer de façon salutaire, au XIIe siècle, au XVIIe, au XIXe et au XXe, dans ces trésors de profondeur chrétienne. C'était pour les chrétiens, selon la belle expression de Jean-Paul II, respirer avec « leurs deux poumons ». Rien n'est plus désirable pour l'Église catholique aujourd'hui que de progresser vers l'unité plénière avec toutes les Églises d'Orient. La vitalité et la capacité évangélisatrice de tous les baptisés seraient puissamment renforcées par le rétablissement d'une pleine communion entre catholiques et orthodoxes (que le Cardinal Lustiger considérait par ailleurs comme l'accélérateur possible d'une unité complète entre catholiques et protestants). Ce n'est pas pour rien que François a réservé l'une de ses toutes premières audiences de pape au patriarche de Constantinople. Je fais depuis longtemps le rêve qu'en 2054, la parenthèse du grand schisme, ouverte en 1054, sera proprement refermée. Cette unité retrouvée est à portée d'intelligence et de cœur. Elle aurait à n'en pas douter une immense fécondité pour la paix et la ferveur de l'Europe et du monde. En ce domaine aussi, le défaitisme lancinant, lié à quelques malentendus historiques et culturels persistants, est à la foi inapproprié et contre-productif.

Bertrand Vergely précise sa réflexion : « Je crois que l'athéisme s'explique par notre absence de naissance à nous-mêmes. C'est parce qu'il ne se prépare plus à l'esprit que notre monde devient athée. Quand on ne fait pas naître l'esprit en soi, il devient inintelligible au-delà de soi[1].» L'athéisme contemporain serait moins le produit de l'idéologie politique, de l'élaboration philosophique ou de la révolte existentielle face aux malheurs du monde que la conséquence du défaut d'intériorité, de cette perte du «code d'accès» à la conscience que j'ai évoquée plus haut. «C'est ce que j'appelle Dieu, écrit encore Bertrand Vergely : un immense écho à mon être intime. Et dans cet écho, une saveur, une saveur infinie. En fait, quand on vit et que l'on vit vraiment, la vie avec un grand V répond. C'est cela Dieu, une réponse infinie donnée à ma vie finie par une vie infinie[2].» Chacun ne peut faire que pour lui-même l'expérience de «vivre vraiment», d'ouvrir sa «vie finie» à la «vie infinie». Mais les chrétiens sont en mesure de témoigner que lorsqu'un cœur s'ouvre, Dieu répond. Affirmer que la foi est une grâce, ce n'est pas prétendre qu'il s'agirait d'un don accordé parcimonieusement à quelques-uns seulement en vertu d'une sorte d'arbitraire divin, c'est proclamer qu'il s'agit d'une rencontre intime, proposée à ceux qui acceptent de s'ouvrir vraiment à plus grand, plus profond, plus intime qu'eux-mêmes.

La disposition à rencontrer Dieu fait partie de la nature humaine. C'est ce que l'«anthropologie tripartite» met en lumière de façon particulièrement suggestive. La personne n'est pas seulement l'unité du corps et de l'âme, elle est «corps, âme et esprit»; à la

1. Rémi Brague, Jean-Luc Marion, Edgar Morin, Éric de Rosny, Bertrand Vergely, *Regards sur le monde*, *op. cit.*, p. 73.

2. *Ibid.*, p. 57.

dimension physique, au champ de l'intelligence et de l'affectivité, il faut ajouter le plan de la capacité spirituelle. « Ce point qui en moi dit Notre-Père », écrivait Paul Claudel pour qualifier ce troisième niveau si déterminant. Cette vision tripartite provient d'un des textes les plus anciens du Nouveau Testament, la Première lettre de saint Paul aux Thessaloniciens : « Que le Dieu de la paix lui-même vous sanctifie tout entiers, et qu'il garde parfaits et sans reproche votre esprit, votre âme et votre corps pour la venue de Notre-Seigneur Jésus-Christ[1]. » Abondamment commenté par Origène, prêtre génial d'Alexandrie à la charnière des IIe et IIIe siècles, ce verset si cher à l'Orient chrétien a été mis en valeur en Occident par Guillaume de Saint-Thierry au XIIe siècle[2]. Le cardinal de Lubac lui a donné un regain d'actualité, il y a quelques décennies, en ressaisissant de façon pénétrante sa place dans le développement de la spiritualité et de l'anthropologie chrétiennes[3].

Le cardinal Daniélou résume l'enjeu de cette approche : « C'est un aspect constitutif de l'homme que d'être religieux. Ceci est vrai historiquement. Avec l'outil, le rite est pour l'ethnologue le signe de l'apparition de l'homme. Ceci est vrai pour le psychologue, qui reconnaît dans les profondeurs de l'homme une dimension irréductible aux autres sphères de l'expérience. Ceci est vrai davantage

1. 1 Thessaloniciens 5, 23.

2. Guillaume de Saint-Thierry, *Lettre aux frères du Mont-Dieu (Lettre d'or)*, Paris, Cerf, « Sources Chrétiennes », 1985.

3. Henri de Lubac, « Anthropologie tripartite », *in Théologie dans l'histoire I. La lumière du Christ*, Paris, 1990, p. 115-199.

encore pour le philosophe, pour qui l'humanisme authentique est celui où l'homme se déploie dans sa triple dimension de maîtrise de l'univers par la technique, de communion avec les autres par l'amour, de conversion vers Dieu par l'adoration[1]. » Ce qui est particulièrement intéressant dans cette dernière présentation, c'est que la part religieuse de l'humanité n'y est pas approchée principalement par la ritualité extérieure mais par la capacité d'« adoration », par l'ouverture spirituelle intérieure. Une précision du cardinal Barbarin est précieuse : « Cette division aurait quelque chose de gênant, si elle conduisait à diviser l'homme, par exemple en trois domaines superposés, alors que tout est intimement lié dans l'être humain. C'est justement de "l'homme tout entier" que Dieu prend soin. Et s'il faut, à certains moments, faire une visite médicale, proposer à quelqu'un une aide psychologique, orienter un jeune ou un adulte vers un pèlerinage ou une retraite spirituelle, c'est précisément pour le bien de sa personne tout entière. Il me plaît, en outre, de penser que l'expression "*le Dieu de la paix*" peut être rapprochée de l'idée de "*l'homme tout entier*"[2]. »

Le cardinal Barbarin, pour donner corps à cette dynamique anthropologique et spirituelle, a eu l'idée originale et ambitieuse d'en faire le programme de son diocèse pendant trois ans. Après avoir donné la primeur de sa réflexion sur « l'Église servante de la

1. Jean Daniélou, *L'Oraison problème politique*, *op. cit.*, p. 84.

2. Philippe Barbarin, *L'Église est une servante*, Paris, Lethielleux, 2010, p. 18-19.

personne tout entière» aux élus en pèlerinage à Lourdes en 2010, il a décrit les étapes de ce parcours diocésain dans une lettre pastorale très riche : *L'Église est une servante.* «L'année du corps» a permis de faire porter l'attention des catholiques lyonnais sur la place du corps dans la liturgie, la nourriture et le jeûne, mais aussi l'accueil des personnes handicapées, le sport et la danse, l'écologie, le don d'organes, la toxicomanie, l'accompagnement des personnes en fin de vie. «L'année de l'âme» a orienté la vigilance des fidèles vers la famille, l'art et la culture, l'argent, la politique, l'éducation, l'économie et la vie professionnelle. «L'année de l'esprit» s'est concentrée sur la prière, personnelle ou communautaire, l'accompagnement spirituel, les pèlerinages, l'unité des chrétiens et le dialogue interreligieux, la recherche de la sainteté. *Mutatis mutandis*, on aura reconnu que mes propres réflexions suivent dans ce livre le même cheminement, en deux salves successives : le corps de la politique, l'âme de la culture, l'esprit transmis par l'Église ; puis, après une contemplation de la Vérité qui rend libre, le corps sexué, l'âme charitable et, ce qui est premier et dernier, l'esprit en prière.

Il n'est pas facile de décrire cette réalité de l'esprit (la première que cite saint Paul, avant même de nommer l'âme et le corps). Le cardinal Barbarin s'y essaye avec sa flamme coutumière : « La grâce d'une personne, écrit-il, le secret de sa vie spirituelle, c'est la façon dont elle est aimée personnellement par Dieu son créateur. [...] Pour les chrétiens, le secret et le trésor d'une vie humaine, c'est la manière mystérieuse dont elle est unie à Jésus, associée par Dieu à son œuvre d'amour et de salut dans le monde. Non sans humour, André Frossard disait pour faire comprendre cette merveille d'amour : "Dieu ne sait compter que jusqu'à un !" Il a, nous répète l'Évangile, un "fils unique", et chacun de ses enfants est aimé de la même façon, d'un amour unique[1]. » Il est réjouissant que le cardinal Barbarin mentionne sur ce point André Frossard. Le récit de sa conversion, *Dieu existe, je l'ai rencontré*[2], un peu oublié aujourd'hui, eut pendant des années un immense retentissement. C'est en entrant dans une chapelle pour y retrouver un ami qui lui avait donné rendez-vous qu'André Frossard a rencontré de manière totalement inattendue l'Ami qui ne cesse de donner rendez-vous à l'humanité entière.

« La dimension spirituelle, explique encore le cardinal Barbarin, est présente dans toute vie humaine, même lorsqu'on n'en a pas conscience, et qu'elle est enfouie sous de graves blessures, péchés et perversités. C'est quelque chose qu'on ne peut jamais perdre ni éliminer. Elle est à la fois un don inné et un aspect de notre vie qui s'apprend et se développe, par exemple au contact des autres ou dans la prière, la vie intérieure. Mettre des mots sur ce vaste domaine n'est pas facile. On pense à une forme de présence et d'attention à soi-même et aux autres, à différents éléments comme la douceur, la simplicité, la serviabilité,

---

1. Philippe Barbarin, *L'Église est une servante*, *op. cit.*, p. 22.
2. André Frossard, *Dieu existe, je l'ai rencontré*, Paris, Fayard, 1969.

le rayonnement, la paix, et le silence intérieur, un art de "défaire les nœuds" de la vie, sans en avoir l'air... Oserais-je dire qu'il s'agit surtout d'une manière d'aimer et de se laisser aimer ? De certaines personnes, émanent cette lumière et cette joie. Elles sont un beau cadeau pour ceux qui les entourent[1]. »

Il fut un temps où, dans l'Église, on avait peur de la prière. La valoriser aurait nécessairement conduit à déserter les combats concrets de la charité. Cette opposition « diabolique », au sens premier – « qui sépare » – comme au sens spirituel du terme, semble aujourd'hui dépassée. Ce dépassement était en germe dans le titre programmatique de Daniélou, *L'Oraison problème politique* : insister sur la prière, ce n'est pas oublier la cité mais prendre les moyens de la servir en vérité. « La vie chrétienne ne se limite pas à la prière, a "twitté" le pape François au début des Journées mondiales de la jeunesse de Rio, mais demande un engagement continuel et courageux qui naît de la prière[2]. » Beaucoup de jeunes le comprennent fort bien et sont capables de passer, lors des grands rassemblements chrétiens, de l'exultation la plus tonique au recueillement le plus profond, pratiquement sans transition. Lors des JMJ de Cologne, après la longue veillée autour de Benoît XVI le soir précédant la messe finale, le Saint-Sacrement fut exposé dans une tente assez vaste pour permettre aux jeunes qui le souhaitaient de prolonger l'adoration. Cette tente fut

1. Philippe Barbarin, *L'Église est une servante*, *op. cit.*, p. 22.
2. Pape François message posté sur le site de réseau social Twitter le 25 juillet 2013.

si vite remplie que les jeunes se mirent à prier à l'extérieur. Le spectacle de cette foule de jeunes agglutinés autour d'une tente avait quelque chose de surréaliste mais surtout de très émouvant, chacun souhaitant prier comme Moïse dans « la tente de la rencontre » : « Le Seigneur parlait à Moïse face à face, comme un homme parle à son ami[1]. » J'eus la joie de retrouver, près de cette tente, un collaborateur parlementaire, qui devait quelques mois plus tard partir un an en Inde pour y servir les pauvres avant d'entrer dans un monastère bénédictin. Serviteur de la cité par la politique et la charité, il s'est découvert appelé à continuer de la servir par la prière.

Il arrive qu'aujourd'hui encore, les clercs – je me le dis à moi-même – manquent d'audace dans l'invitation à la prière et l'encouragement à la ferveur. C'est ce dont témoigne douloureusement, par exemple, Philippe Nemo : « J'ai vécu une expérience assez triste [...] le soir de l'élection de Benoît XVI. Toute une jeunesse était venue, elle remplissait entièrement la nef immense et attendait, sagement, évidemment prête à entendre ce qu'on lui dirait. Or personne ne lui dit rien. Des prêtraillons tragiquement indignes [...] lui firent seulement allumer de ridicules lampions. Nul doute que plus d'un de ces jeunes revint chez lui l'âme éteinte[2]. » Qu'auraient pu ou dû dire ces prêtres que Philippe Nemo juge si sévèrement ? La beauté du mystère de l'Église, de la

1. Exode 32, 11.

2. Philippe Nemo, *La Belle Mort de l'athéisme moderne*, *op. cit.*, p. 27.

communion des fidèles à travers le monde, rendant grâces à Dieu dans un même esprit de louange pour l'élection d'un nouveau successeur de saint Pierre ; l'importance d'invoquer l'Esprit saint pour que le nouveau pape trouve la force d'accomplir sa mission et que tous les catholiques accueillent le nouveau pontificat comme l'occasion providentielle d'un pas en avant dans la foi et la charité ; la nécessité de porter dans la prière le monde entier, les chefs d'État comme les pauvres, les artisans de paix comme les fauteurs de violence, les croyants comme les incroyants, pour que les cœurs s'ouvrent davantage à la vérité du Christ. Une simple invitation à entrer dans la profondeur du silence aurait pu permettre à chacun d'accueillir la grâce particulière de cette soirée unique.

Trop de liturgies, bavardes et « mondaines », toujours au sens du pape François, semblent être présidées sans enthousiasme intérieur – « cet ecclésiastique paraît s'ennuyer en célébrant la messe », me dit un jour un politique surpris et déçu après une cérémonie officielle. Trop de réunions chrétiennes laissent peu de place à la louange et au recueillement. Trop d'enseignements théologiques rechignent à se remettre toujours dans la perspective théologale qui devrait les fonder et les orienter. *A contrario*, il n'est pas rare que des personnes à peine croyantes acceptent facilement d'entrer dans le recueillement si on les y invite avec tact. Les églises – quand elles sont ouvertes – ne cessent d'accueillir des hommes et des femmes aux appartenances incertaines, y compris à leurs propres yeux ; ils cherchent une lumière, une paix, une vérité qu'ils espèrent pouvoir au moins pressentir dans le silence d'un sanctuaire. Et que dire de cette espèce de coup de foudre entre le pape François et l'humanité par la simple récitation du Notre-Père et du Je vous salue Marie suivie d'un instant de silence ? Le lendemain matin, le nouveau pape se rendait en pèlerinage à Sainte-Marie-Majeure et déposait un petit bouquet devant l'icône de la Vierge « salut du peuple romain » ; ce que les esprits forts, notamment dans l'Église, auraient pu qualifier de dévotion surannée voire d'enfantillage apparut au monde entier comme un signe supplémentaire d'authenticité spirituelle.

« Est-ce que je prie ? », tel était le titre d'une lettre adressée par le futur pape François aux prêtres et aux consacrés du diocèse de Buenos Aires en 2007[1]. Il posa la même question aux trois millions de jeunes rassemblés sur la plage de Copacabana lors de la veillée finale des JMJ de Rio, demandant et obtenant un moment de silence pour que chacun puisse s'interroger en conscience. « Dans leur grande majorité, note dom Samuel, les prêtres, les religieux, les chrétiens prient peu[2]. » Sans doute y a-t-il une part de lucidité dans ce constat apparemment sévère. Mais il faut souligner aussi l'extraordinaire renouveau du sens de la prière chez un nombre croissant de catholiques en France aujourd'hui ; de plus en plus de paroisses proposent l'adoration eucharistique tout au long de la journée, parfois même perpétuelle, jour et nuit (je sais un député qui assure une heure de prière nocturne

1. Jorge María Bergoglio-pape François, *Seul l'amour nous sauvera*, *op. cit.*, p. 101-109.
2. Dom Samuel, *De tout cœur*, p. 163.

dans sa paroisse de circonscription chaque semaine avant de reprendre le chemin de Paris) ; de nombreux catholiques profitent de leur pause du déjeuner pour assister à la messe, prendre un temps de prière silencieuse ou se confesser ; beaucoup de fidèles jeunes et actifs se donnent, avec une belle détermination spirituelle, les moyens de dégager chaque jour quinze ou trente minutes d'« oraison », pour reprendre ce beau vocable du titre de Daniélou. Lorsque j'étais aumônier des parlementaires, je célébrais la messe chaque mercredi à 8 heures, à deux pas de l'Assemblée. Je me souviens d'un député, lors de l'interminable débat sur les retraites en 2011, arrivant pour la messe directement de l'hémicycle après avoir siégé toute la nuit : le désir de ressourcement était chez lui plus fort que la fatigue du travail parlementaire.

Peut-être le déficit de vie spirituelle chez une partie des catholiques français provient-il d'un défaut d'invitation et de formation à la prière. Beaucoup d'enfants, même dans des familles relativement pratiquantes, n'ont pas appris, pendant des décennies, les bienfaits de la prière quotidienne. Une génération a voulu rompre, de manière compréhensible, avec ce qu'il pouvait y avoir de formaliste dans une prière matinale et vespérale réduite à une sorte de discipline. Mais au lieu de dépasser le formalisme par le ressourcement – c'était cela la vraie logique du concile Vatican II –, certains ont fait de la modernisation des pratiques l'alibi du renoncement spirituel. Parmi les dimensions essentielles de la crise contemporaine de l'éducation, il y a du point de vue chrétien, on en parle rarement, la crise de l'éducation spirituelle, la crise de la formation à la prière. Il ne s'agit pas d'un aspect marginal de l'éducation, réservé aux enfants de familles ultramotivées, il s'agit de son cœur, pour qui cultive un regard anthropologique ambitieux et profond. Découvrir les « vastes palais de la mémoire », comme dit saint Augustin dans ses *Confessions*, être éveillé à la profondeur de son espace intérieur, c'est sans doute un des plus grands bienfaits que l'on peut recevoir d'une éducation soignée.

Il ne suffit pas d'inviter à la prière, il faut y former. Prier n'est pas facile, surtout à une époque saturée de bruits et d'images. Savoir entrer dans le silence, s'y laisser toucher par la Parole de Dieu, lui permettre de résonner, la déguster longuement, faire qu'elle rejoigne et transforme le centre intime de l'existence demande un vrai apprentissage. Si les « méthodes d'oraison » d'antan en trois, quinze ou vingt-cinq points ont pu sembler excessivement schématiques, tenir du mode d'emploi technique dans un domaine où tout est mystérieux et subtil, il demeure indispensable de baliser le chemin de ceux qui veulent approfondir leur foi par la prière. C'est ce que font de mieux en mieux les centres spirituels ou les « écoles d'oraison » itinérantes qui se déplacent de paroisse en paroisse. Je me souviens de l'attention et de la joie avec lesquelles, les élus pèlerins à Lourdes y accueillirent les enseignements de dom Olivier Quénardel, père abbé de Cîteaux – « la prière du serviteur de la cité » –, et de dom Jean-Charles Nault, père abbé de Saint-Wandrille – « retrouver le goût du service de Dieu et des frères » : aujourd'hui comme hier, voire plus qu'hier, les monastères apparemment coupés du monde sont le cœur de la cité puisqu'ils lui montrent le chemin de l'essentiel.

La prière est un combat. Les tout premiers moines, dans le désert égyptien au IVe siècle, l'ont d'emblée découvert. Mener ce combat, c'est pour tous les chrétiens résister au démon de la superficialité, lutter pour rester libre par rapport à la tyrannie de la volonté de puissance, veiller à ne pas se laisser engloutir par la pression du temps qui passe trop vite. Le pape François, merveilleux pédagogue de la prière, comme tous les prêtres en ont la mission prioritaire, écrit : « Nous pouvons dire que la prière, même si elle nous procure paix et confiance, nous fatigue aussi le cœur. Il s'agit de la fatigue de celui qui ne se ment pas à lui-même, [...] qui accepte de se battre jour après jour avec Dieu pour qu'il sauve son peuple. On peut s'interroger ici : mon cœur se fatigue-t-il à intercéder et, en même temps, pendant une telle lutte, est-ce que je ressens la sereine paix de l'âme de celui qui vit en intimité avec Dieu. Fatigue et paix vont de pair dans un cœur qui prie[1]. » La prière ne constitue pas un retrait, une facilité par rapport aux épreuves et aux combats du monde mais la manière de s'y engager en profondeur et vérité. À partir de son expérience monastique, dom Samuel explique de manière également suggestive : « Dieu passe dans nos existences comme un homme traverse, dans la nuit silencieuse, un village endormi. J'entends un bruit indistinct. Il se fait plus précis, c'est un pas, c'est un marcheur, je

1. Jorge María Bergoglio-pape François, *Seul l'amour nous sauvera*, p. 108.

l'écoute maintenant marteler le pavé sous mes fenêtres et s'approcher. Sa présence est indiscutable, il est là tout près. Déjà il s'éloigne. Le crissement de ses pas se mêle aux sons de la nuit. Je le perçois encore, mais c'est un murmure. Puis viennent le silence, le vide, l'inquiétude. Seul demeure le souvenir de son passage. À moi de me lever et de le suivre, dans la foi[1]. »

Bien des questions auxquelles doit faire face le catholicisme – voire le monde – contemporain ne peuvent s'éclairer qu'à partir de leur fondamentale et ultime profondeur spirituelle. Le rapport homme-femme authentique, si décisif pour notre temps nous l'avons vu, n'est pleinement déchiffrable que dans cette lumière[2]. Car il permet d'éprouver que le savoir humain s'appuie sur la confiance, sur la foi ; que la foi, au sens large du terme, n'est pas un mode défaillant de la science mais en constitue le fondement. C'est ce qu'expliquait Jean-Paul II dans *Foi et raison* : « Dans la vie d'un homme, les vérités simplement crues demeurent beaucoup plus nombreuses que celles qu'il acquiert par sa vérification personnelle. Qui, en effet, serait en mesure de soumettre à la critique les innombrables résultats des sciences sur lesquels se fonde la vie moderne ? Qui pourrait contrôler pour son compte le flux des informations qui jour après jour parviennent de toutes les parties du monde et que l'on tient généralement pour vraies ? Qui, enfin, pourrait reparcourir les chemins d'expérience

1. Dom Samuel, *De tout cœur*, *op. cit.*, p. 59.
2. Marie Balmary, « Lire la différence des sexes », *art. cit.*

et de pensée par lesquels se sont accumulés les trésors de sagesse et de religiosité de l'humanité ? L'homme, être qui cherche la vérité, est donc aussi *celui qui vit de croyance*[1]. » Le juste rapport homme-femme permet d'entrer dans cette relation fondatrice à la croyance et réciproquement.

Pour les chrétiens, la distinction entre l'homme et la femme – en vue de leur unité dans le respect et l'amour – reçoit sa pleine lumière de la relation spirituelle singulière de chacun avec le Christ, plus fraternelle de la part des hommes et plus sponsale pour les femmes. Voilà pourquoi les grands renouveaux, les grandes réformes de l'Église ont souvent été l'œuvre conjointe d'hommes et de femmes, chacun ayant besoin du regard et de la vie spirituelle de l'autre pour approfondir et transmettre de manière renouvelée le mystère du Christ. Je pense à sainte Claire et à saint François d'Assise, à la charnière des XIIe et XIIIe siècles, à sainte Thérèse d'Avila et saint Jean de la Croix, au XVIe, à sainte Louise de Marillac et saint Vincent de Paul, Agnès de Langeac et Jean-Jacques Ollier, sainte Marguerite-Marie et saint Claude La Colombière, sainte Jeanne de Chantal et saint François de Sales au XVIIe. Pour le XXe, j'ai déjà évoqué ces deux sourires de Dieu à l'humanité que furent la bienheureuse Mère Teresa et le bienheureux Jean-Paul II. Je pense aussi à Adrienne von Speyr, médecin et mystique, et Hans Urs von Balthasar, immense théologien, que le cardinal de Lubac qualifiait d'« homme le plus cultivé du XXe siècle ».

1. Jean-Paul II, *Foi et Raison*, *op. cit.*, § 31.

Balthasar, intellectuel germanique à la pensée extrêmement dense et spéculative, se disait constamment débiteur, pour son œuvre théologique, de la profondeur spirituelle des intuitions d'Adrienne. Dans ces binômes de réformateurs et de mystiques, le leadership ne fut pas toujours masculin, contrairement à ce que certains pourraient suspecter. Sainte Thérèse d'Avila fut clairement la figure de proue de la réforme du Carmel, si décisive pour le renouveau de l'Église au lendemain de la Réforme, non seulement en Espagne mais aussi en France et au-delà. Avec saint Jean de La Croix, avec saint Pierre d'Alcantara, avec saint Jean d'Avila et bien d'autres, sainte Thérèse ne se comporta ni en femme soumise ni en femme dominatrice ; la profondeur de sa vie spirituelle lui donnait une liberté et une autorité paisibles qui entraînaient les cœurs en échappant aux rapports de force. *A contrario*, notre incapacité contemporaine à valoriser la distinction sexuelle est un symptôme de plus de notre déficit de vie spirituelle.

L'enjeu et le ressort du dialogue interreligieux authentique sont également spirituels. Jean-Paul II l'a bien manifesté en rassemblant à Assise – décidément saint François ne cesse d'accompagner la marche de l'Église – les principaux responsables des religions du monde en 1986 et 2000, ce que fit à nouveau Benoît XVI en 2012. Il ne s'agissait pas de céder à quelque syncrétisme que ce soit – la richesse et la fermeté de l'enseignement doctrinal des deux papes le prouvent de manière irréfutable – mais d'inviter tous les croyants à entrer dans la profondeur de leurs cœurs pour échapper aux logiques d'affrontement qui les conduisent parfois à contribuer aux violences du monde. Le drame permanent de l'histoire, c'est le travestissement des mystiques en politiques, nous l'avons déjà évoqué plusieurs fois, et l'enfermement de la politique en elle-même. Il faut des mystiques qui le soient vraiment, c'est-à-dire qui inspirent et interrogent en profondeur les engagements politiques sans se confondre avec eux. Cette altérité salutaire de la politique par rapport à la mystique est ce qui protège la politique elle-même de la tentation de s'ériger en absolu, toujours potentiellement violent. Pour Jean-Paul II, inviter les différents chefs religieux du monde à se recueillir, chacun à sa manière et selon ses traditions, c'était aussi faire le pari spirituel, infiniment respectueux, que ce surcroît d'intériorité les ouvrirait davantage à la lumière de Dieu qui brille de manière unique en Jésus-Christ.

« Les catholiques doivent-ils aujourd'hui avoir peur de l'islam ? » interroge-t-on souvent. Certaines dérives de type politique peuvent en effet inquiéter. Il est normal qu'elles ne soient pas admises par les pouvoirs publics. Elles entrent en conflit avec la distinction du spirituel et du temporel, telle que le christianisme, nous l'avons vu, l'a suscitée en Occident et telle que quelques penseurs d'origine musulmane cherchent aujourd'hui à l'acclimater à leur propre tradition[1]. En même temps, ce qu'il y a de radicalité proprement religieuse chez certains musulmans – fidélité à la prière, ramadan vécu comme une vraie

1. Voir par exemple Abdelwahad Meddeb, « Béni soit Benoît XVI », *Le Point*, 21 septembre 2006.

démarche personnelle – peut stimuler voire réveiller les chrétiens trop souvent tièdes. Sait-on que l'angélus qui sonne trois fois par jours du haut ne nos clochers est une réinterprétation par saint François d'Assise – toujours lui – de l'appel musulman à la prière qui l'avait tant impressionné lors de son voyage en Égypte et de sa rencontre avec le sultan (Giotto a magnifiquement représenté cet épisode) ? Mais qui récite encore régulièrement, même parmi les catholiques pratiquants, même parmi les clercs, la si belle prière de l'angélus, dont bien des admirateurs ou commentateurs de Millet sont incapables d'expliquer le contenu ? Heureusement que les papes ont maintenu ce rendez-vous dominical, auquel leur charisme et les médias donnent un retentissement planétaire.

Aucune approche seulement administrative ou politique ne suffira à répondre pleinement aux questions que pose l'islam. Seul un réveil spirituel des chrétiens, ferme et paisible, disponible à la rencontre et enraciné dans la vérité du Christ, rendra témoignage à la joie et à la liberté de la foi d'une manière susceptible de toucher les cœurs. Jean-Paul II a naguère mis en lumière, je l'ai dit, la coïncidence du dialogue et de la mission : il ne s'agit pas d'exercer la bienveillance comme un stratagème, comme le faux nez d'un prosélytisme dissimulé mais de faire le pari qu'un dialogue vraiment respectueux, c'est-à-dire sans concessions sur la foi mais profondément attentif aux personnes, portera des fruits d'accueil de cette Vérité qui, pour les chrétiens, est pleinement dévoilée dans le Christ. Seul le courage des « affrontements mystiques[1] » peut ultimement délivrer des affrontements politiques.

D'une manière plus générale, le rapport des chrétiens à la société ne peut être considéré de manière vraiment pertinente que dans cette lumière spirituelle. On s'interroge beaucoup aujourd'hui, dans l'Église comme en dehors de l'Église, pour savoir si les catholiques en France sont encore majoritaires ou s'ils sont devenus minoritaires. Certains catholiques insistent sur le fait minoritaire soit pour recommander le profil bas – « on ne peut attendre de la société tout entière ce que nous ne sommes plus qu'une minorité à estimer juste et bon » – soit pour revendiquer une sorte de droit ou de devoir à l'affirmation communautaire – « puisque nous n'avons plus à porter le poids du consensus social, n'hésitons pas à défendre nos convictions particulières avec davantage de mordant et de liberté ». Il est certain que le déficit d'adhésion de toute la société à un certain nombre de valeurs d'origine chrétienne, autrefois spontanément admises par tous, crée une situation nouvelle : la parole des catholiques doit donc être plus argumentée et mieux préparée à rencontrer la contradiction. Il y a une quarantaine d'années, une déclaration épiscopale rappelait ce dont chacun pouvait reprendre conscience à partir de l'expérience culturelle commune. Aujourd'hui, toute prise de position ecclésiale doit accréditer sa légitimité avec une argumentation plus explicite et dynamique, et aussi assumer paisiblement le fait

1. Henri de Lubac, *Affrontements mystiques*, *Œuvres complètes IV*, Paris, Cerf, 2006, p. 235-406.

qu'elle ne suscitera pas l'adhésion générale. Prendre conscience de cela est en effet tonifiant et libérateur. Mais les catholiques ne peuvent pour autant jamais perdre de vue qu'en matière éthique et sociale, ils doivent mettre en lumière un bien commun qui procède de l'universalité de la raison et que, par ailleurs, la culture de notre pays demeure plus profondément marquée par le christianisme qu'un regard superficiel pourrait le suggérer. Négliger cet enracinement culturel, parfois apparemment ténu, serait perdre une possibilité d'enracinement, se condamner à une sorte de témoignage hors sol, et surtout passer à côté de la réalité. Une forme d'enthousiasme minoritaire, qui a indéniablement sa part de vérité et de fécondité, risque de passer à côté et de la responsabilité du bien commun et de la vérité profonde et persistante de la culture française.

Plus profondément, on peut s'interroger sur la pertinence ultime des catégories – politiques – de « majoritaire » et « minoritaire » appliquées au catholicisme. L'Église n'aspire à constituer ni une majorité ni une minorité, mais un « sacrement », « le signe et le moyen de l'union intime avec Dieu et de l'unité de tout le genre humain » pour reprendre une belle expression du concile Vatican II[1], une communauté spirituelle dont la visibilité n'épuise pas la réalité profonde et la fécondité. Il ne s'agit pas de négliger l'existence concrète des baptisés dans la société ni leurs contributions à la pensée et la culture ambiantes – le « corps » et « l'âme » –, mais de les fonder toujours

1. Concile Vatican II, *Lumen Gentium. Constitution sur l'Église*, § 1.

dans la profondeur de l'« esprit ». Le conflit de « la chapelle » et de « l'archipel », anticipé et dénoncé par Clavel, de l'intransigeance et de la complaisance, c'est-à-dire au fond de deux pathologies « minoritaires » voire « minoritaristes », ne peut être dépassé que par la profondeur. Dans un monde, à bien des égards irrespirable pour les chrétiens – et pas seulement pour les chrétiens –, par sa violence, son matérialisme, l'injonction permanente à se conformer à un modèle unique, la seule insurrection vraiment féconde, à partir de laquelle toutes les autres peuvent se déployer, est celle de la prière : « Les colères, filles du désespoir, écrivait Bernanos, rampent et se tordent comme des vers. La prière est, en somme, la seule révolte qui se tienne debout[1]. »

C'est la prière qui permet aux croyants de donner un témoignage authentique, un témoignage « mystique », qui n'est pas du même ordre que le militantisme politique. « Être témoin, écrivit le cardinal Suhard dans une lettre pastorale qui fit date et à laquelle le titre de ce chapitre souhaite rendre hommage, ce n'est pas faire de la propagande, ni même faire choc, c'est *faire mystère*. C'est vivre de telle façon que la vie soit inexplicable, si Dieu n'existe pas[2]. » L'expérience spirituelle, non seulement revendiquée mais vécue en vérité, est aussi le point d'ancrage ultime de la liberté. C'est ce qu'écrit Orwell de manière très suggestive : « Le Parti pouvait mettre à

1. Georges Bernanos, *Les Grands Cimetières sous la lune*, *op. cit.*, p. 364.
2. Emmanuel Suhard, *Le prêtre dans la cité*, Paris, Lahure, 1949, p. 49.

nu les plus petits détails de tout ce que l'on avait dit ou pensé, mais les profondeurs de votre cœur, dont les mouvements étaient mystérieux, même pour vous, demeuraient inviolables[1]. » Face à « Big Brother » et à la « police de la pensée », le chrétien, s'il vit la belle aventure, la seule aventure véritable de l'expérience spirituelle, est libre et invite ses contemporains à la liberté. Notre monde hypernormé est enfermé dans ses difficultés, semble avoir perdu la capacité de les résoudre. « Les peurs et les angoisses de l'homme qui sent qu'il contribue à construire l'anti-cité qui le dévore »[2] semblent irrépressibles. Il ne faut pas s'en étonner : « Un monde sans adoration, nous le redisons inlassablement, est un mode humainement irrespirable[3]. » Un sursaut spirituel des chrétiens et de leurs frères et sœurs en humanité est la condition du renouveau intellectuel, culturel et politique. Comme le curé de Torcy à son confrère éprouvé d'Ambricourt, l'Église doit se dire à elle-même et dire à l'humanité contemporaine : « Tu ne pries pas assez. Tu souffres trop pour ce que tu pries[4]. »

J'ai été très touché, il y a quelques années, par un témoignage de l'éditeur de *Magnificat*, l'un des mensuels de prière qui se sont beaucoup développés ces derniers temps. Sa manière de contribuer à la marche et au progrès du monde, expliquait-il avec modestie,

1. George Orwell, *1984*, *op. cit.*, p. 223.
2. Jorge María Bergoglio-pape François, *Seul l'amour nous sauvera*, *op. cit.*, p. 26.
3. Jean Daniélou, *L'Oraison problème politique*, *op. cit.*, p. 127.
4. Georges Bernanos, *Journal d'un curé de campagne*, *op. cit.*, p. 1186.

était d'y offrir une invitation attrayante à la prière, de proposer ainsi, à sa mesure, une réponse concrète au «problème politique» de l'«oraison». Faire en sorte que des hommes et des femmes prennent chaque jour avec bonheur un temps de prière nourri par l'Écriture, c'est les aider à ouvrir en eux-mêmes et dans le monde un nouvel espace de liberté. Aux États-Unis, les abonnés à *Magnificat*, qui sont extrêmement nombreux, se désignent eux-mêmes comme des «*Magnificaters*»; plusieurs congrès, impressionnants d'ampleur, de professionnalisme et de qualité liturgique et spirituelle, les ont rassemblés sur la côte Est comme sur la côte Ouest. Le titre de ce mensuel est caractéristique : il n'est ni triste ni comminatoire mais jubilatoire; il reprend le premier mot de la louange de la Vierge Marie, qui se découvre porteuse de la vie, porteuse du Sauveur. C'est l'exultation d'une femme, qui chante la miséricorde de Dieu en particulier à l'égard des plus pauvres. C'est le cantique quotidien de la prière vespérale de l'Église, qui rend grâce à Dieu avec confiance et reconnaissance pour la surabondance de ses dons.

Lorsque j'étais aumônier des parlementaires, j'ai organisé beaucoup de déjeuners-débats, de rencontres avec des experts, de colloques. Il était très important de donner toute sa place au travail de la raison dans la recherche du bien commun, de ne jamais en rester à des convictions en fait superficielles ou à des slogans bien-pensants. Mais le plus décisif dans ma mission s'est avéré sa dimension spirituelle. C'est le déplacement intérieur qui donne en vérité la liberté de penser et le courage d'agir. Il ne s'agit pas de privilégier la vie spirituelle au détriment de la réflexion ou de l'action mais de découvrir qu'elle leur confère l'unité et la densité qu'elles n'auraient pas sinon. Pèlerinages, récollections en abbaye, partages d'intentions de prière, célébration de la messe ne sont pas anodins pour les serviteurs de la cité : ils sont l'occasion vitale de s'approcher de son cœur brûlant pour en diffuser la lumière et la chaleur par l'action. Rien dans mon ministère n'a été au fond plus important et fécond que l'humble et joyeuse récitation du chapelet avec des responsables politiques, leurs familles, leurs amis, sur le chemin de Compostelle ou sur celui de Lourdes, le bonheur simple d'avancer sur les chemins souvent rocailleux du monde dans la certitude que la vie est un don, qu'elle a sens : il se dévoile au plus profond des cœurs qui acceptent de s'ouvrir à sa grâce.

N'ayez pas peur : nous sommes au commencement de l'ère chrétienne !

Si personne n'oublie la première apparition du pape François à la loggia de la basilique Saint-Pierre, le «*buona sera!*» débonnaire, ému et chaleureux par lequel il a amorcé son dialogue avec l'Église universelle et le monde, beaucoup se souviennent également du soir de l'élection de Jean-Paul II, le 16 octobre 1978 : son patronyme imprononçable, retentissant comme un cri de liberté pour les pays asservis par la dictature communiste, la fermeté de sa voix, la malice de son sourire. Six jours plus tard, lors de son intronisation, il lançait en écho à l'Évangile ce qui deviendrait la marque de son pontificat : «*Non abbiate paura* !», «N'ayez pas peur !».

Les paroles de feu de son homélie du 22 octobre 1978 retentissent aujourd'hui encore avec une vigueur et une cordialité intactes : «Frères et sœurs, n'ayez pas peur d'accueillir le Christ et d'accepter son pouvoir ! Aidez le pape et tous ceux qui veulent servir le Christ et, avec la puissance du Christ, servir l'homme et l'humanité entière ! N'ayez pas peur ! Ouvrez, ouvrez toutes grandes les portes au Christ !

À sa puissance salvatrice ouvrez les frontières des États, les systèmes économiques et politiques, les immenses domaines de la culture, de la civilisation, du développement. N'ayez pas peur ! Le Christ sait "ce qu'il y a dans l'homme" ! Et lui seul le sait[1] ! » L'appel de Jean-Paul II à la confiance et à l'audace, à l'ouverture des portes et des frontières, à la transformation de toutes les réalités humaines – de la politique à la culture – par l'accueil de la lumière du Christ n'a rien perdu de sa brûlante actualité.

« *Aprite ! Aprite ! Aprite !* » En réponse à cet appel, pourtant dérisoire aux yeux du monde, des portes se sont bel et bien ouvertes dans l'histoire. « Comme s'il voyait l'invisible[2] », Jean-Paul II anticipait, de manière prophétique, dès les premières heures de son pontificat, la petite brèche puis l'écroulement du mur de Berlin, et, plus largement et profondément, l'effondrement d'un matérialisme conquérant et trompeur, incapable de tenir jusqu'au bout ses promesses. Comme Moïse guidant le peuple vers la Terre promise, le bâton du Christ à la main, le pape polonais a montré inlassablement, jusqu'à son ultime souffle, le chemin du bonheur et de la liberté. Dès le 1er juin 1980, il n'avait pas craint de lancer aux jeunes rassemblés au parc des Princes, surpris mais enthousiastes : « La permissivité morale ne rend pas les hommes heureux. La société de consommation ne rend pas les hommes heureux. » Les « Trente Glorieuses »,

1. Jean-Paul II, messe solennelle d'intronisation, 22 octobre 1978.
2. Hébreux 11, 27.

qui venaient d'être ainsi «baptisées[1]», s'achevaient laborieusement; Jean-Paul II ouvrait l'horizon de la gloire véritable et transmettait le souffle qui permet d'en gravir la montagne.

C'est le même souffle qui habitait Jean-Marie Lustiger. Jeune évêque d'Orléans, au moment du parc des Princes, il avait été recruté par France Inter pour commenter le premier voyage du nouveau pape à Paris et Lisieux. Quelques mois plus tard, il était nommé archevêque de Paris puis créé cardinal. L'épopée Jean-Paul II, ce fut une aventure collective : O'Connor à New York, Thiandoum à Dakar, Martini à Milan, Lustiger à Paris mais aussi Ratzinger à la Doctrine de la foi et Bergoglio à Buenos Aires, avec beaucoup d'autres, ont relayé dans le monde entier l'esprit de force et de liberté qui soufflait depuis Rome. Vous rappelez-vous l'apostrophe de Rufin d'Aquilée à saint Jérôme imaginée par Alain Le Ninèze? «Notre sainte religion a-t-elle un avenir? [...] Cette réponse, Jérôme, c'est toi qui la détiens. C'est toi en Palestine, c'est Cyrille à Alexandrie, c'est Augustin en Afrique : vous êtes les seuls, désormais, à tenir le fragile flambeau de cette lumière du monde qui est en train de s'éteindre[2].» Les compagnons de Jean-Paul II et de ses successeurs sont les Jérôme, Cyrille et Augustin de notre temps, les Pères de l'Église d'aujourd'hui. C'est à eux que nous pouvons poser la question de Rufin, celle qui traverse le livre du prophète Isaïe

1. Jean Fourastié, *Les Trente Glorieuses*, Paris, Fayard, 1979.
2. Alain Le Ninèze, *La Controverse de Bethléem*, *op. cit.*, p. 106.

comme un cri : « Veilleur, où en est la nuit ? Veilleur, où en est la nuit[1] ? »

« Les siècles n'ont pas épuisé la nouveauté irréductible du Christ. Le cours des temps commence seulement à manifester l'originalité singulière du christianisme[2] », répond sans sourciller le cardinal Lustiger dans une leçon sur « La nouveauté du Christ et la postmodernité » prononcée à Augsbourg le 17 novembre 1989, une semaine après la chute du mur de Berlin. La servitude qu'il commence par évoquer est celle non du communisme mais, plus répandue, plus radicale, du positivisme : « Nous respirons encore l'atmosphère du siècle passé où, par exemple en France, le positivisme d'Auguste Comte a fini par imposer, comme une évidence trop massive pour être discutable, que l'âge théologique l'avait cédé d'abord à l'âge métaphysique, puis – et surtout – à l'âge positif[3]. » En dépit des apparences et des prévisions, les progrès scientifiques et les transformations sociales ne confirment pas mais démentent la thèse d'Auguste Comte : « Le développement culturel et l'interrogation éthique d'aujourd'hui ne signent pas l'obsolescence des questions de l'Évangile ; ils mettent à nu leur acuité. Les bouleversements socioculturels peuvent induire une perte de certaines habitudes chrétiennes ils font cependant apparaître en pleine lumière l'indépassable vérité de la Révélation évangélique[4]. »

1. Isaïe 21, 11.
2. Jean-Marie Lustiger, « La nouveauté du Christ et la postmodernité », Augsbourg, 17 novembre 1989.
3. *Ibid.*
4. *Ibid.*

Et le cardinal Lustiger de lancer le refrain de son intervention, qui résonne comme un écho au « N'ayez pas peur ! » de Jean-Paul II : « Nous sommes dans les commencements de l'ère chrétienne[1]. » Comment prétendre cela ? Est-ce de l'inconscience ? Est-ce une bravade ? « Notre époque se prétend postmoderne il se peut ; elle n'est pas postchrétienne. Ce qu'elle recèle d'inouï, de fascinations parfois horribles et de puissances sacrées et obscures nous rappelle à l'origine singulière de la révélation biblique[2]. » Celle-ci est si profonde et si riche que tous ceux qui le veulent bien peuvent continuer d'y puiser des raisons de vivre et de mourir. « Beaucoup de chrétiens donnent aujourd'hui l'impression d'une sorte d'étouffement, disait déjà le cardinal Daniélou en 1975. C'est leur faute. Rien ne les empêche de s'épanouir dans ce monde que Dieu leur donne. Rien ne les empêche de créer les conditions qui font ce monde respirable[3]. » Les défis éthiques et spirituels de notre temps sollicitent la liberté humaine comme jamais. Les moyens de destruction massive que l'humanité a désormais entre ses mains dans tous les domaines – militaire, biologique, sociétal – sont paradoxalement comme une raison de plus de « choisir la vie[4] » et, pour cela, de choisir la foi. « C'est aujourd'hui, c'est demain encore le commencement du temps chrétien[5]. »

1. *Ibid.*
2. *Ibid.*
3. Jean Daniélou, *L'Oraison problème politique*, *op. cit.*, p. 126.
4. *Exode* 30, 19.
5. Jean-Marie Lustiger, « La nouveauté du Christ et la postmodernité ».

Beaucoup de nos contemporains – y compris des chrétiens et des clercs décidément trop perméables à l'air du temps, trop conformistes – ont tranquillement intégré que nous étions entrés dans l'ère postchrétienne. C'est d'ailleurs le titre d'un ouvrage de l'excellent Émile Poulat[1] paru en 1994. Son sous-titre est éclairant : *Un monde sorti de Dieu*. Mais le monde ne sort pas de Dieu comme on sort d'une pièce, il vient de Dieu et va vers lui. La sortie de Dieu fait partie, dans le dessein divin lui-même, de l'aventure de la liberté. Le Christ est le Verbe sorti du Père pour nous le révéler. L'aventure de la « sortie de Dieu » n'est pas postchrétienne, elle est chrétienne. En termes plus simples et moins immédiatement théologiques, on peut dire que la marque du Christ dans l'histoire est telle que, quoi qu'il en soit des légitimes diversités religieuses et philosophiques d'aujourd'hui, il est impossible de faire comme si plus rien n'était de lui. Rappelons-nous la lucidité – certes un peu hargneuse – de Michel Onfray : « L'époque dans laquelle nous vivons n'est pas athée. Elle ne paraît pas encore postchrétienne non plus, ou si peu. En revanche, elle demeure chrétienne, et beaucoup plus qu'il n'y paraît[2]. » Il ne s'agit pas seulement d'un fait sociologique mais surtout d'une réalité théologique, convergence significative, saisissante, du regard des sciences sociales et des yeux de la foi.

1. Émile Poulat, *L'Ère postchrétienne. Un monde sorti de Dieu*, Paris, Flammarion, 1994.
2. Michel Onfray, *Traité d'athéologie*, *op. cit.*, p. 76.

« Pourquoi faut-il que l'adverbe "encore", renchérit le cardinal Barbarin, vienne si souvent prendre place dans tellement de questions et s'y nicher dans les titres de tant de livres, d'articles et de conférences ? "Peut-on encore croire aujourd'hui ?" "Peut-on encore parler du péché aux jeunes à notre époque ?" "Le message de la Création et de la Résurrection est-il encore audible dans un monde scientifique ?"... À chaque fois que j'entends cet adverbe, j'ai envie de le remplacer par "tout à fait"[1]. » Si la postmodernité impose de repenser bien des aspects du christianisme, elle ne saurait parvenir à le « ringardiser », à le périmer dans sa richesse profonde. Au contraire, elle peut faire venir au jour certaines de ses ressources encore inexplorées. La nouveauté de l'amour révélé par le Christ est si grande qu'elle sera toujours plus neuve qu'un monde qui vieillit dès qu'il cesse de se laisser rajeunir par l'Esprit. C'est bien parce que la modernité était à bout de souffle qu'elle a commencé à se chercher un dépassement dans la « postmodernité ». « Il n'est pas inimaginable, écrit Philippe Nemo, que la restauration du sens consécutive à la belle mort de l'athéisme moderne se traduise dans un avenir proche par une nouvelle mise en forme des idéaux de la vie personnelle et sociale[2]. » La postmodernité a soif de la nouveauté du Christ. « Voici que je fais toutes choses nouvelles », proclame le Ressuscité dans l'Apocalypse[3], « le livre de la vie

1. Philippe Barbarin, « La France est-elle encore la "fille aînée de l'Église" ? », *art. cit.*

2. Philippe Nemo, *La Belle Mort de l'athéisme moderne*, *op. cit.*, p. 146.

3. 21, 5.

quotidienne de l'Église[1] » selon une belle formule du pape François.

Encore faut-il que les chrétiens fassent le choix d'accueillir toujours plus profondément la nouveauté du Christ. Dans le récit de sa redécouverte de la foi[2], Jean-Claude Guillebaud avait mis en lumière la place de la volonté dans le choix de croire. Il fait de même dans son tout dernier essai à propos de l'espérance. « J'aimerais trouver les mots, le ton, la force afin de dire pourquoi m'afflige décidément la désespérance contemporaine. Elle est un gaz toxique que nous respirons chaque jour. Et depuis longtemps. L'Europe en général et la France en particulier semblent devenues ses patries d'adoption[3]. » Dans ce contexte morose, les baptisés tout spécialement ne peuvent se laisser aller à donner le spectacle du défaitisme. « La désespérance n'est pas mieux fondée que l'espérance. Elle n'est ni plus sagace ni plus stoïquement lucide. Elle participe plutôt, osons le dire, d'une manière de lâcheté. En effet, pour une communauté comme pour un individu, l'espérance n'est pas seulement *reçue*, elle est *décidée*[4]. » Voilà qui rejoint la proposition du cardinal Lustiger : à une époque de multiplication des possibles, le choix de croire et d'espérer trouve paradoxalement un regain d'actualité.

---

1. Jorge María Bergoglio-pape François, *Seul l'amour nous sauvera*, *op. cit.*, p. 107.

2. Jean-Claude Guillebaud, *Comment je suis redevenu chrétien*, *op. cit.*

3. Jean-Claude Guillebaud, *Une autre vie est possible*, Paris, L'Iconoclaste, 2012, p. 13.

4. *Ibid.*, p. 214.

La communauté catholique en France, souvent malade de son propre défaitisme, n'a pas à redouter les nouveautés de la postmodernité. Par la profondeur de ses interrogations et de ses exigences éthiques, elle a les moyens de contribuer au dépassement de la crise morale de notre vie politique, manifestement à bout de souffle. Par la vitalité de sa mémoire et l'ambition anthropologique de ses projets, elle peut participer au renouveau de la culture. Plus accueillante à tous et plus fermement enracinée en même temps – c'est-à-dire plus chrétienne en somme – elle saura mieux mobiliser les trésors de ferveur, d'inventivité et d'unité qui ne cherchent qu'à contribuer à sa fécondité. En perpétuel travail d'approfondissement, elle sera en mesure de propager son amour de la vérité. En cultivant le mystère de la personne corps, âme et esprit, elle aidera notre humanité à savourer davantage la distinction et la rencontre entre l'homme et la femme. En servant les plus pauvres, elle manifestera leur dignité, quelle que soit leur pauvreté, et ouvrira aux horizons mondiaux de la coopération et du partage. En persévérant dans la prière, elle montrera le chemin de l'authentique liberté.

Tant de catholiques en France aujourd'hui donnent le témoignage d'une foi audacieuse et persévérante ! Certes, toutes les générations et tous les milieux ne sont pas également nombreux dans les assemblées chrétiennes, mais tous y sont représentés. Parmi les personnes âgées, qui ne l'étaient par définition pas il y a une vingtaine d'années, beaucoup vivent un vrai chemin de conversion, redécouvrant avec bonheur l'eucharistie, la confession, la prière et tout ce que l'expérience sacramentelle et spirituelle peut transformer dans leur vie. Certains jeunes, objectivement isolés dans leurs lieux d'étude ou de travail, assument avec une liberté impressionnante les exigences de leur foi et des choix de vie qu'elle appelle. Dans un contexte qui est loin d'être porteur, de nombreuses familles se donnent les moyens d'être en vérité des foyers vivants et rayonnants. Beaucoup de catholiques, au plus haut niveau de la vie universitaire, politique, administrative, militaire, industrielle, professionnelle sous toutes ses formes, donnent, sans suffisance, un témoignage courageux d'ambition éthique et sont prêts à se mettre en danger quand l'essentiel leur semble en jeu. Ils ont besoin d'être nourris et encouragés mais, des générations Paul VI, Jean-Paul II, Benoît XVI ou François, ils ont bien l'intention, dans la sérénité et dans la joie, de ne rien lâcher des trésors de la foi et de la charité, si ce n'est pour les partager. En dépit des apparences les plus superficielles, nous vivons un « temps favorable[1] », un *kairos* (le mot préféré de Jérôme Ferrari[2]), pour la foi dans notre pays.

Je ne crois pas succomber aux sortilèges de la méthode Coué. S'il faut le répéter à nouveau, j'ai bien conscience de l'acuité de la crise spirituelle que nous traversons. Mais la foi au Christ mort et ressuscité, renforcée par les « signes des temps » qui nous sont incontestablement donnés, les appels du monde et des pauvres, ne permettent assurément pas de nous

1. 2 Corinthiens 6, 2.
2. Catherine Delmas, « En privé avec Jérôme Ferrari », *art. cit.*

laisser aller au défaitisme. Il est des politiques qui gouvernent les yeux rivés sur l'urgence, enfermés dans le temps court ; ils gèrent les vaches grasses en oubliant qu'il faudra sans doute un jour faire face à des vaches maigres ; ils réagissent aux crises sans préparer la reprise. Quand elle survient, la voile n'est pas levée assez haut pour donner prise au vent. *Mutatis mutandis,* il nous faut aujourd'hui traverser le désert en nous appuyant sur la joie de l'oasis, préparer les baptisés non à une récolte minuscule mais à une moisson abondante[1]. Il ne s'agit pas de « réduire la voilure » par peur du présent ou du futur mais de hisser la grand-voile et le spi pour le Souffle que la brise est en train d'annoncer.

Je ne prétends pas que l'évangélisation soit facile. « Enseigner la foi aux foules blasées passe nos forces, écrit dom Samuel avec sa sagesse de moine ; mais veiller à respecter quelques attitudes qui pourront engendrer des fruits surnaturels immédiats, cela nous appartient. C'est à notre portée. De telles attitudes ont sauvé le monde, génération après génération et sont susceptibles de le sauver encore[2]. » Beaucoup de nos contemporains n'attendent qu'un signe, qu'un témoignage, qu'une marque d'enthousiasme, au sens premier du terme, pour s'ouvrir à la Lumière qu'ils espèrent parfois confusément ou avec impatience, dans la confiance ou dans la douleur. « Nous ne pouvons, sans rien faire, laisser le monde qui nous a vus naître se passer de toute transcendance. [...] La

1. Matthieu 9, 37.
2. Dom Samuel, *De tout cœur*, *op. cit.*, p. 129-130.

solution n'est sans doute pas où beaucoup la recherchent avec anxiété et agitation. Elle est à portée de main, dans des gestes simples, possibles pour tous : un peu plus de temps consacré à la prière ; une plus grande attention à ceux qui vivent autour de nous ; le cœur plus libre des choses qui passent et moins indifférent à celles qui ne passent pas ; la liturgie, les sacrements de l'Église plus dignement célébrés [...] ; pour les jeunes, une écoute plus éveillée de Dieu qui les appelle ; pour les aînés, plus de zèle à les former et plus de temps consacré à les soutenir[1]. »

Le 10 août 2007, à Notre-Dame de Paris, Maurice Druon introduisit son oraison funèbre du cardinal Lustiger par une question surprenante et solennelle : « Est-ce un de ces immenses couchers de soleil tombant sur l'océan, dans un enchevêtrement somptueux de pourpres et de gloires ? Ou bien est-ce une de ces aurores superbes, s'élevant de la calotte arctique et embrasant tout l'horizon de sa lumière céruléenne ? » La mort du cardinal marquait-elle la fin d'une époque, glorieuse dans son genre mais définitivement close, ou inaugurait-elle une période de lumière au-delà des glaces de décennies d'athéisme, de perte du sens de Dieu et de la vie ? L'adieu au vieil archevêque était-il l'acte ultime d'un XXe siècle de résistance aux athéismes ou l'annonce d'un XXIe siècle de renouveau de la foi ?

C'est Jean-Luc Marion qui répondit à sa manière le jour de sa réception au siège du cardinal Lustiger à l'Académie française. En rapprochant les destins de

1. Dom Samuel, *De tout cœur*, *op. cit.*, p. 237-238.

Charles Péguy et de Jean-Marie Lustiger, le philosophe annonçait que si la guerre n'était pas terminée – Péguy est mort dès 1914 – la victoire était bel et bien en train de s'annoncer : « Peut-être le destin [du cardinal Lustiger] fut-il de vivre et de mourir comme Péguy. Je n'ai pas pu éviter de les rapprocher en découvrant un récit du maréchal Juin. En 1953, lors de sa réception au quatrième fauteuil, dans son éloge de Jean Tharaud, l'ami et le collaborateur de Péguy, il évoquait la mort du poète chrétien et socialiste, tombé le 5 septembre 1914 entre Peuchard et Montyon, "à quelques pas de moi". Et d'ajouter : "Je vis ce miracle d'un ennemi qu'on croyait victorieux s'arrêter à l'endroit précis où [Péguy] était tombé, puis [rétrograder] dans la nuit." L'avancée allemande aurait ainsi littéralement calé sur la mort de Péguy, voire à cause d'elle. Et si, oserais-je demander, Jean-Marie Lustiger, mort et vivant, marquait pour nous le point d'avancée ultime du nihilisme et donc la marque de sa retraite ? Que suggérait-il d'autre en répétant que "nous sommes au commencement de l'ère chrétienne" ? Prenons ici encore le risque raisonnable de l'en croire[1] ».

Quelques mois plus tôt, c'était Jean-Paul II qui se retirait par une ultime et silencieuse bénédiction pascale. Le monde entier se précipita à Rome pour se recueillir auprès de celui qui, par la force de sa parole et de son témoignage, par la contagion de sa liberté et de sa foi, avait fait entrer non seulement l'Église mais

1. Jean-Luc Marion, discours de réception à l'Académie française, 21 janvier 2010.

l'humanité dans le XXIe siècle – par-delà les totalitarismes athées du XXe –, dans les nouvelles questions et les grâces inédites de la postmodernité. Cette foule immense « de toutes races, langues, peuples et nations »[1], jeune, humble, paisible, ardente ne constituait pas une armée de nostalgiques mais un peuple vivant, plus décidé que jamais à aimer et à servir la vie. Aurore ou crépuscule ? Aurore et crépuscule sans doute, tant il est vrai que le combat fait partie de la victoire, que la nuit est assumée par la lumière, surtout pour ceux qui croient à la Résurrection. « Il n'y a jamais eu qu'un seul matin : celui de Pâques. Mais chaque nuit où l'on entre est celle de la Très Sainte Agonie[2]. »

1er août 2013

---

1. Apocalypse 7, 9.
2. Georges Bernanos, *Dialogues des Carmélites*, *op. cit.*, p. 1575.

Table

La chapelle et l'archipel 9

I. Politique d'abord ? 23

II. Contre-culture ? 61

III. Une Église qui se trompe de siècle ? 91

IV. Amour et vérité se rencontrent 127

V. Homme et femme Il les créa 157

VI. Une Église pour les pauvres 189

VII. La prière dans la cité 217

N'ayez pas peur : nous sommes au commencement de l'ère chrétienne ! 245

Cet ouvrage a été imprimé en France par

CPI
BUSSIÈRE

à Saint-Amand-Montrond (Cher)
en mars 2014

La photocomposition de cet ouvrage
a été réalisée par
GRAPHIC HAINAUT
59163 Condé-sur-l'Escaut

N° d'édition : 53893/02 – N° d'impression : 2008568
Dépôt légal : février 2014